GRAUE Eleganz

DIE PERFEKTE WOHNFARBE

KATE WATSON-SMYTH

BUSSECOLLECTION

Originalausgabe:
SHADES OF GREY
erschienen 2016 bei Ryland Peters & Small, London
Text © Kate Watson-Smyth 2016
Layout und Fotos © Ryland Peters & Small 2016
ISBN 978-1-84975-712-6
www.rylandpeters.com

Deutsche Ausgabe:
2. Auflage
© Busse Verlag GmbH, Bielefeld, 2016
Übersetzung: Wiebke Krabbe, Damlos
Druckvorstufe: Bernd Link, Graph. Dienste, Hiddenhausen
Druck und Herstellung in China
ISBN 978-3-512-04072-6

www.bussecollection.de

INHALT

VORWORT

Kein Zweifel: Grau ist Trend. Grau findet sich in Restaurants, Geschäften und Wohnungen, und es gibt kaum ein Einrichtungs-Feature, das es nicht zum Thema hat. Da sind »50 Shades« stark untertrieben. Alle, die geglaubt haben, der Grau-Trend sei im Abklingen, möchte ich an den internationalen Farbenhersteller Dulux verweisen, der aktuell eine Palette von mehr als 550 Grautönen anbietet.

»Viele Leute wollen ihre Wohnungen grau streichen,« sagt die Farbexpertin Karen Haller, die Seminare in angewandter Farbpsychologie für Branchenangehörige anbietet. »Aber wegen der Untertöne ist Grau eine der schwierigsten Farben.«
In früheren Jahren haben wir einfach die Wände cremeweiß gestrichen, fertig. Aber das ist jetzt anders. Wir sind designbewusster geworden. Die Wirtschaftslage bewirkt, dass wir unsere Häuser nicht gestalten, um potenzielle Käufer zu beeindrucken, sondern um wirklich darin zu leben. Noch vor zehn Jahren wurde etwa alle drei Jahre renoviert, jetzt liegt der Rhythmus bei fünf bis sieben Jahren. Also müssen wir tatsächlich darüber nachdenken, was uns gefällt, denn wir wollen ja eine Zeitlang damit leben.

Heute gibt es Farbberater, Farbpsychologen und Farbtherapeuten – also Experten in einer Branche, deren typische Berufsbilder früher Maler und Raumausstatter waren. Selbst unwissenschaftliche Recherchen (der schnelle Klick bei Twitter) zeigen, dass

Einrichtungs-Amateure durchschnittlich neun verschiedene Farbtöne ausprobieren, bevor sie sich entscheiden. Vielleicht kennen Sie das Problem so gut wie ich. Und dann heißt die Farbe, die an der Wand grau aussieht, möglicherweise noch Rauchblau – wenn der Fantasiename nicht auf kleine Pelztiere, Hollywoodstars oder tote Fische anspielt.

In diesem Buch wollen wir den Unterschied zwischen Grau und Grau herausfinden und das Geheimnis entschlüsseln, wie berühmte Farben zu

ihren merkwürdigen Namen kamen. Peinliche Fehler anderer Leute (okay, meine) werden bloßgestellt, damit Sie davon lernen können. Sie werden erfahren, wie man ein einziges Probedöschen richtig nutzt und auf die anderen 47, deren Farbton oder Glanzgrad nicht stimmen, verzichten kann.

Dieses Buch will Ihnen helfen, genau das richtige Grau zu finden. Investieren Sie das Geld, das Sie beim Farbenkauf gespart haben, lieber in einen Urlaub in einem warmen Land, in dem Ihnen keine Farbe so fern liegt wie Grau.

„Es geht immer um den Kontext, weil man Grau nie allein sieht. Es ist von den Farben von Möbeln, Bildern oder persönlichen Lieblingsstücken umgeben und wirkt je nach Umgebung immer anders."

Simon March, *Gründer von Colour Makes People Happy*

ZEITLOSES GRAU

Grau ist ganz offensichtlich kein kurzlebiger Trend, aber als Einrichtungsfarbe hat es seine Tücken. Um den richtigen Grauton zu finden, müssen Sie die Himmelsrichtung der Fenster berücksichtigen, aber auch die Tageszeit, zu der Sie den Raum nutzen. Das übliche Wetter spielt eine Rolle (tatsächlich, sogar die Erdhalbkugel beeinflusst die Farbwirkung). Und natürlich soll Ihnen die Farbe gefallen. An dieser Stelle muss ich mich vielleicht bei denen entschuldigen, die zum Thema Grautöne etwas Aufregendes erwartet haben. Nein, das war ein anderes Buch. Aber möglicherweise finden Sie es auch spannend zu erfahren, dass Sie ein Wohnzimmer mit Nordfenstern nicht im Farbton »Gauze« streichen sollten (dann versinkt die ganze Familie in Depressionen), sondern lieber »Mole's Breath« wählen sollten. Im Ernst, wie findet man nun den richtigen Grauton? Wahrscheinlich haben Sie schon verstanden, dass es nicht damit getan ist, einen Topf hübsche Farbe zu kaufen und auf die Wand zu pinseln. Wenn es so einfach wäre, würden Sie dieses Buch nicht lesen. Wenn es so einfach wäre, bräuchte ich dieses Buch nicht zu schreiben, und könnte die Küche fertig streichen.

Wenn Sie in der Mittagspause schnell ins Farbengeschäft springen, um ein paar Farbkarten zu holen, werden Sie vor hunderten oder tausenden Wahlmöglichkeiten stehen. Die meisten sehen für das ungeübte Auge nahezu gleich aus, aber alle haben verschiedene (oft nichtssagende) Namen. »Grau?«, sagen Sie lässig zu einem Mitarbeiter und hoffen, dass er Ihnen zu einem dunklen, mittleren oder hellen Ton rät. Stattdessen werden Sie von einem Schwall von Adjektiven erschlagen, von semantischen und historischen Schlagworten und obskurer Biologie (wer weiß schon, welche Farbe der Atem eines Elefanten hat?) Hätten Sie gern Silberfuchs, Maulwurf oder Bunny? Wie wäre es mit Blackened (ein eher helles Blau …), Clooney (wie George) oder (Augenbrauen hochziehen erlaubt) Urban? Mögen Sie womöglich Zeitlos … oder Großstadtnebel? Darf es ein Ton aus der historischen Kollektion sein? Matt oder glänzend? Wollen Sie alle vier Wände streichen? Oder nur eine? Welche Farben wollen Sie damit kombinieren? Wird das Grau zum Sofa passen (schließlich war das Sofa teuer, und Sie wollen in nächster Zeit kein neues

kaufen)?. Nun haben Sie also ein Grau ausgesucht. Es wurde geschmollt, gestritten, vielleicht gab es Tränen, aber jetzt ist es vollbracht. Schnitt. Drei Tage später. Das Grau, das in der Dose so toll aussah, hat ihren Flur in einen Gefängniskorridor verwandelt. Es macht die Küche so kalt, dass die Heizkosten explodieren. Und wer sagt überhaupt, dass es grau ist? Wenn man es recht bedenkt, sieht es entfernt wie Flieder aus. Also auf ins Geschäft, ein neues Probedöschen aussuchen.

Sich für Grau zu entscheiden ist, wie wir erfahren haben, der leichte Teil. Aber dann brechen die Wahlmöglichkeiten über Sie herein wie ein Heuschreckenschwarm.

Amy Wax, ehemalige Präsidentin der International Association of Color Consultants und Erfinderin der App Color911, mit der sich eine Farbe anhand eines Fotos bestimmen lässt, sagt: »Wer Grau wählt, muss warmes und kühles Licht berücksichtigen, außerdem die Menge des Sonnenlichts. Die Schwierigkeit der Graupalette liegt in den vielen Faktoren, die zu beachten sind.« Eine Innenarchitektin hat mir (ganz privat) verraten, dass sie früher mindestens fünf Töne pro Wand ausprobiert hat. Jetzt trifft sie den richtigen Ton nur, weil sie sich konsequent an einen Grauton von einer Marke hält. So hat sie gelernt, wie genau die jeweilige Farbe in einem bestimmten Raum wirkt.

Es überrascht nicht zu hören, dass andere Fachleute denselben Trick anwenden. Sie suchen sich etwa zehn Farbtöne aus, meist von verschiedenen Herstellern, und lernen sie genau kennen. Für sie ist das gut und schön, Amateuren hilft es aber nicht.

Die amerikanische Stylistin und Fernsehmoderatorin Emily Henderson sagt: »Ich habe in den letzten Jahren etwa 50 Räume gestrichen und dabei allerlei gelernt.« (Wir hingegen haben ein- und denselben Raum etwa 50-mal in 50 verschiedenen Tönen gestrichen.)

Für alle, die nur einen Raum streichen, die Gardinen aufhängen und zum Alltagsbusiness übergehen wollen, stellt sich die Frage, wie sich Fehler am besten vermeiden lassen.

Dieses Buch möchte Ihnen helfen, genau den richtigen Grauton für Ihre Wohnung zu finden. Wie? Lesen Sie weiter!

Wusstten Sie …

Die Farbe Elfenbeinschwarz wurde im 19. Jahrhundert hergestellt, indem man Elfenbeinabfälle aus der Kammherstellung verbrannte. Sie wurde in Blöcken verkauft und ließ sich mit Weiß zu einem schönen Perlgrau mischen, war aber alles andere als umweltfreundlich und wahrscheinlich sogar giftig.

WARUM LIEBEN WIR GRAU?

2009 schrieb ich einen Artikel für die englische Zeitung Independent. Die Überschrift lautete »Grey Paint: Top of the Pots«, und weiter unten hieß es: »Ob Sie eine neue Wohnung streichen oder eine alte renovieren – eine neutrale Grundfarbe ist ein guter Anfang. Die Farbexperten von Dulux erklären Grau zur neuen Trendfarbe, allerdings nennen sie es Steel Symphony, denn wer will schon seine Wohnung grau streichen.« (Wie falsch ich lag! Tatsächlich wollte jeder seine Wohnung grau streichen.) Der Trend gehe insgesamt zu einem eleganten und zugleich raffiniert-modernen Wohnstil, versuchte man die neue Vorliege für Grau zu erklären.

IDEAL NEUTRAL

Raumdesigner und Farbexperten sind sich einig, dass Grau noch weitaus mehr Boden gewinnen wird. Es mag Ihnen vorkommen, als ob Bars und Restaurants schon seit Jahren in edlem Grau eingerichtet sind. Tatsächlich hat die Farbe aber erst vor kurzem den Sprung von Designerwohnungen und Zeitschriftenseiten in den Mainstream geschafft.

Woher kommt nun diese Begeisterung für Grau? Auf diese Frage gibt es wohl ebenso viele Antworten, wie es Grautöne gibt . Manche Theorien führen den Trend auf die eher trübe Lage der Weltwirtschaft zurück, andere auf den Wechsel von konventionellen Glühlampen zu LED-Beleuchtung, wieder andere sehen einen Zusammenhang mit dem beliebten nordischen Stil oder der Mode in der Konfektion.

RECHTS *Die Tageslichtverhältnisse beeinflussen die Wirkung von Grau. Hat ein Raum Fenster zu mehreren Seiten, muss dies bei der Wahl des Grautons berücksichtigt werden. Ein schöner, sanfter Ton, der sich nicht in den Vordergrund drängt oder den Raum verdunkelt, ist Little Greene French Grey.*

DIESE SEITE *Dunkles Grau wirkt im Schlafzimmer angenehm ruhig. Tauschen Sie die helle Sommerbettwäsche im Winter gegen etwas Dunkleres, Gemütliches aus.*

Wussten Sie …

dass von den 28 Grautönen der Kollektion von Little Greene nur eine – Gauze – ausschließlich aus Schwarz und Weiß gemischt ist? Sie ist leider kein Bestseller geworden.

DIESE SEITE *Ein facettenreicher Mix aus Texturen und Farben entsteht, wenn Sie Möbel passend zu den Wänden streichen.*

DIESE SEITE *Dunkle Töne heben Bilder hervor und machen Räume am Abend gemütlich. Für diese Wand wurde Warm Pewter von Dulux gewählt.*

GEGENÜBER OBEN LINKS *Ein Mix aus Mustern und Texturen in verschiedenen Grautönen wirkt vielschichtig. Wenn Sie Lust auf Veränderung haben, tauschen Sie einfach einige Kissen.*

GEGENÜBER OBEN RECHTS *Klassisch und edel wirkt das graue Kopfteil zu weißer Bettwäsche. Für Farbe könnte eine Decke sorgen, die man von Saison zu Saison austauscht.*

GEGENÜBER UNTEN LINKS *Grau hebt! Vor einer grauen Wand wirkt eine geblümte Lampe moderner, und ein Bild fällt stärker ins Auge.*

GEGENÜBER UNTEN RECHTS *Farbige Glasvasen als Blickfang vor einer samtig-grauen Wand. Tauschen Sie Accessoires öfter aus.*

Im Interior Design gibt es seit jeher Moden. Ein Beispiel ist der 1970er-Jahre-Stil, der auf den Laufstegen begann und im Handumdrehen in Form von Korkmöbeln, Makramee-Blumenampeln und der Renaissance der in den 70ern so beliebten Zimmerpflanzen in die Wohnungen eingezogen ist. Nicht überzeugt? Vor einigen Jahren präsentierte Burberry Prorsum auf einer Modenschau einen Pullover mit einer Eule. Wochen später konnte man überall Kissen, Kerzenhalter und Kaffeebecher mit Eulenmotiven kaufen. Tony Glenville, Kreativ-Direktor der School of Media and Communications am London College of Fashion, beobachtet, dass Grau seit einigen Jahren auf den Laufstegen Schwarz ablöst. »Schwarz verkauft sich noch immer, bekommt aber Konkurrenz durch andere neutrale Farben wie Braun, Marineblau und Grau. Die Industrie, die viele Kollektionen im Jahr produziert, schätzt Grau als saisonunabhängige Farbe. Sie kann Schwarz ersetzen, passt zu Öko-Mode und sieht in jedem Material gut aus, egal ob Brokat oder Kaschmir.«

> „Grau muss nicht die Hauptrolle spielen. Es ist eine ideale Hintergrundfarbe, die alles andere im Raum interessanter wirken lässt."

David Mottershead, *Little Greene*

STŘEDOČEŠTÍ
KEEP
CALM
AND
CARRY
ON

Susie Rumbold, Präsidentin des British Institute of Interior Design, war früher Mode-Einkäuferin. Sie hat oft beobachtet, dass Trends aus der Konfektion vom Raumdesign aufgegriffen werden. »Die Schnittstelle sind meist Details und Akzentfarben, weil eine Einrichtung länger hält als ein durchschnittliches Kleidungsstück. Man kauft vielleicht eine Jacke in der angesagten Modefarbe und mustert sie nach einem Jahr aus. Aber wer streicht jedes Jahr die Wohnung?«

Grau kann Akzentfarbe sein, wird aber meist als Basisfarbe gewählt und durch modische Details in Kontrastfarben ergänzt. Susie Rumbold sagt: »Grau ist vielseitig und wandlungsfähig. In England liegt Grau seit zehn Jahren im Trend. Ich denke, das hat mit dem kühlen, klaren, nordischen Licht in unserem Land zu tun. Grau sieht hier einfach gut aus.«

GEGENÜBER *Wer den Mut hat, einen dunklen Grauton zu wählen, sollte dann auch die Heizkörper streichen, damit sie verschwinden.*
Der Farbton Railings von Farrow & Ball ist eine sanfte Alternative zu Schwarz.

OBEN *Kleiner Raum wirkt durch einen weißen Anstrich nicht unbedingt größer. Manchmal sieht er einfach immer noch aus wie ein kleiner weißer Raum. Probieren Sie eine dunkle Farbe!*

GANZ LINKS *Mit einer Strukturtapete sieht eine graue Wand interessanter aus.*

LINKS *Grau verträgt sich mit allen anderen Farben. Versuchen Sie es mit Pink, und wenn Sie Lust auf Veränderung haben, mit Orange oder Gelb. Ein paar neue Accessoires kosten viel weniger als ein neuer Anstrich.*

Expertenmeinung

Die bekannte amerikanische Designerin Kelly Wearstler beschreibt Grau als launenhaft. »Es kann maskulin oder feminin wirken, stark oder subtil – je nach Grauton und Gesamtgestaltung. Bestimmte Farbkombinationen können Spannung erzeugen oder Harmonie vermitteln, und beides kann schön sein. Mir gefallen die nuancenreichen Grautöne von Marmor, Metall oder handbemalter Seidentapeten. Eine monochrome Palette lässt geometrischen Formen, Mustern und Texturen gestalterisch den Vortritt.« Kelly bevorzugt die Grautöne aus der umweltfreundlichen Serie des kalifornischen Herstellers Sydney Harbour, vor allem den Farbton White Rhino. Außerdem empfiehlt sie London Fog von Pratt & Lambert.

OBEN *Auch wenn auf dem Etikett Grau steht, kann der Inhalt einer Farbdose zum Beige oder Blau tendieren. Ohne Probedöschen ist es schwierig, den richtigen Grauton zu finden.*

GEGENÜBER *Ein Kamin, der nicht in traditionellem Schwarz, sondern in einer dunkleren Nuance der Wandfarbe gestrichen ist, wirkt überraschend modern.*

VERVOORDT

David Mottershead, Geschäftsführer von The Little Greene Paint Company, erklärt die Beliebtheit von Grau damit, dass es eine ungemein angenehme Umgebungsfarbe ist – wenn man denn den richtigen Ton gefunden hat. »Es ist fast eine Nicht-Farbe, und insofern ein idealer, neutraler Hintergrund für persönliche Lieblingsstücke. Grau passt zu allem, und alles sieht zu Grau gut aus. In einem grauen Raum ist es einfach, Möbel zu erneuern, weil so viele Farben zu Grau passen.« Insofern ist Grau wirklich praktisch, denn wenn der Farbton stimmt, brauchen Sie nicht neu zu streichen, falls Sie ein neues Sofa kaufen oder den geerbten Sessel neu beziehen lassen.

Eine andere Vorliebe führt den Grau-Trend auf die skandinavischen Fernsehkrimis zurück, die – so scheint es – nicht nur wegen der Tätersuche, sondern auch wegen der Interieurs hohe Einschaltquoten haben. Auf Twitter lese ich so viele Kommentare über Designklassiker oder die Farbe der Wand hinter dem Mörder, dass ich mich frage, was denn der spannendere Teil dieser Sendungen ist.

DIESE SEITE *Einen interessanten Täfelungs-Effekt kann man mit grauer Farbe auf die Wand malen.*

GEGENÜBER OBEN LINKS
Hardwick White von Farrow & Ball ist eine großartige Neutralfarbe, zu der weiße Türen und Fenster frisch und modern wirken.

GEGENÜBER OBEN RECHTS
Verwenden Sie eine Farbe in der ganzen Wohnung, beispielsweise für die Fußleisten oder für einige Schränke. Eine grau gestrichene Decke wirkt höher und lässt Räume größer erscheinen.

GEGENÜBER UNTEN LINKS *Wenn Sie die ganze Wohnung in einer Farbe gestalten, wirkt sie insgesamt geräumiger. Weil die Lichtverhältnisse unterschiedlich sind und sich im Lauf des Tages verändern, hat dennoch jeder Raum seine Identität.*

GEGENÜBER UNTEN RECHTS
Hellgrau bringt weiße Accessoires gut zur Geltung und lässt Räume heller erscheinen als Weiß, das in dunkeln Räumen trist und nüchtern wirken kann.

DIESE SEITE *Ein hellgraues Schlafzimmer strahlt angenehme Ruhe aus. Der Hersteller Farrow & Ball beschreibt seinen Farbton Borrowed Light als »die Farbe der Sonne im Schatten«. In einem Raum mit Südfenstern kann die Farbe atemberaubend schön sein.*

Wusstn Sie …

Der französische Begriff »Grisette« bezeichnete junge Arbeiterinnen, die Kleider in tristem Grau trugen – vielleicht weil man sie nicht wahrnehmen sollte?

DIESE SEITE *Wer einen intensiven Grauton wagen möchte, könnte es mit Night Jewels 1 von Dulux versuchen.*

DIESE SEITE *Der Farbton dieser Wohnung heißt Chemise und stammt von Farrow & Ball. Eine gute Alternative wäre French Grey von Little Greene. Das warme Grau passt zu fast allem, darum empfehle ich es gern Klienten, die sich einen warmen, aber zurückhaltenden Grauton wünschen.*

WER HAT MAGNOLIA ERMORDET?

Jetzt folgt ein Krimi, Tatort Interior Design. Wurde Magnolia ermordet? Nun, ich kann mit Sicherheit feststellen, dass Grau unschuldig ist. Es war die Glühbirne.

Viele Jahre lang war das gute alte Magnolia die Lieblingsfarbe von Vermietern, Baufirmen und allen, die sich um ihre Umgebung keine großen Gedanken machten. Magnolia – ein gebrochenes Weiß – wurde zum Synonym für fade und langweilige Räume. Diese unscheinbare Neutralfarbe hat es geschafft, zum meistverbreiteten und zugleich am wenigsten gemochten Ton auf den Farbkarten für Wohnraumfarben zu werden. Erstaunlich: Eine Neutralfarbe, der kaum jemand neutral gegenübersteht. Magnolia ist neutral und praktisch. Man sieht Schmutz darauf nicht, und wegen des warmen, pfirsichrosa Untertons verfärbt es sich nicht so wie andere helle Farben. Ironischerweise ist es genau das, was niemand mag. Wie kann es angehen, dass die Farbe, die in den 1970er- und 80er-Jahren der Renner war, nur wenige Jahre später Dekofeind Nummer eins ist? Das liegt an den Leuten von Ikea. Sie haben uns nicht nur dazu gebracht, den Chintz

DIESE SEITE *Grau wird oft als moderne, urbane Farbe betrachtet, die am besten in eine Stadtwohnung passt. Sie sieht aber auch in einem traditionellen, eher rustikalen Ambiente gut aus. Vor einer hellgrauen Wand wirken eine antike Bank und ein alter Holztisch gleich viel moderner.*

OBEN *Eine Küche in Grau kann modernere Elemente wie ein Marmor-Spritzschild und Designerstühle gut vertragen.*

RECHTS *Ein klassisches Sofa sieht vor einer dunkelgrauen Wand erstaunlich modern aus, und ein Eimer Farbe kostet viel weniger als neue Möbel.*

rauszuwerfen, nein, sie waren auch am Verschwinden von Magnolia beteiligt. Im bläulichen Licht der nördlichen Erdhalbkugel können Räume tagsüber kühl aussehen. Streicht man die Wände weiß, kann es richtig kalt werden. Darum haben im vorigen Jahrhundert viele Wohnungsbesitzer bewusst warme Farben genommen (genau, all das Braun und Orange auf Fotos aus den 1970ern) und dazu warmes Rot, sonniges Gelb und viel Naturholz kombiniert. Warmes, helles Magnolia war genau die richtige Hintergrundfarbe, die zusammen mit diesem Mix heimelige Wärme vermittelte.
Wenn abends das Licht eingeschaltet wurde, dann waren althergebrachte Glühbirnen in Betrieb. Ihr gelbliches Licht war ebenso schmeichelhaft wie Kerzenschein – für Gesichter, aber auch für Magnolia, das in diesem Licht selbst kühle Räume

wunderbar behaglich wirken ließ. Auch zur Kombination Schwarz-Silber, die in den 1980er-Jahren angesagt war, passte Magnolia gut. Es nahm dem starken Kontrast sogar die Härte. Aber dann änderte sich die Lage. Glühbirnen wurden wegen ihres vergleichsweise hohen Energieverbrauchs für umweltschädlich erklärt. Energiesparlampen, LEDs und Halogenleuchten setzten sich durch, aber ihr Licht ist klarer und kühler. Und in diesem Licht sah Magnolia grauenhaft aus. »Magnolia ist ein spezieller Cremeton, der im Licht konventioneller Glühbirnen wunderbar aussah,« sagt Marianne Shillingford, Kreativ-Direktorin bei Dulux, »aber im Licht von Energiesparlampen war es absolut scheußlich.« Und was hat das mit Ikea zu tun? Als die ersten Halogen-Leuchtmittel auf den Markt kamen, waren sie so teuer, dass nur betuchte Klienten von Interior Designern sie sich leisten konnten. Ikea konnte Halogenleuchten aber wegen der großen Stückzahlen preiswert produzieren und anbieten. Das Schöne an Halogenleuchten ist ihr klares, helles Licht. Es bringt Grau, Schwarz und Weiß wunderbar zur Geltung, lässt warmes Cremeweiß aber hässlich aussehen. Das arme alte Magnolia hatte keine Chance.

DIESE SEITE UND GEGENÜBER
Grau ist eine enorm vielseitige Wohnfarbe. Nicht nur, weil es so viele Farbtöne gibt, sondern weil alles, was man mit Grau kombiniert, den Charakter der Farbe beeinflusst. Es verträgt sich ebenso gut mit einem rustikalen Holztisch wie mit einer sachlichen Chromleuchte, einem grob gestrickten Kissen oder bunt gemixten Möbeln. Ob Sie edel Ton in Ton wohnen möchten oder es gern regenbogenbunt haben: Grau geht immer.

OBEN LINKS *Mittelgraue Wände über klassischen Rechteckfliesen wirken im Bad klar und modern. Wer es wärmer und rustikaler mag, könnte eine Holztäfelung in einem dunkleren Ton streichen.*

OBEN RECHTS *Aus unerfindlichen Gründen sieht man Grau selten in Bädern, dabei kann es gerade zu weißen Sanitärobjekten ausgesprochen gut aussehen – je nach Stil traditionell oder ultramodern.*

Die meisten von uns haben es nicht kommen sehen. Ich dachte, wie die meisten Leute, dass sich der Geschmack wandelt, und dass der Trend zu moderneren Farben geht. Uns war nicht klar, dass nicht unser Geschmack sich veränderte, sondern unser Licht. Marianne Shillingford gibt Magnolia aber noch eine Chance, weil sich die Beleuchtungstechnik so schnell entwickelt. Energiesparlampen werden durch LEDs abgelöst, und nach der ersten LED-Generation mit kaltweißem Licht wurden warmweiße Leuchten entwickelt, die jedoch teuer waren. Wieder trat Ikea auf den Plan. In jedem Einrichtungshaus bekommt man eine große Auswahl von warmweißen LED-Leuchtmitteln zu erschwinglichen Preisen. Wenn Ihre Wohnung in Magnolia gestrichen ist, besteht also Hoffnung: Schaffen Sie sich warmweiße LEDs an, damit Ihre Wände wieder behaglich wirken. Vielleicht möchten Sie auch gleich ein paar neue Lampenschirme in warmen Farben anschaffen? .Sie könnten natürlich auch einfach abwarten, bis Magnolia wieder modern wird. Marianne Shillingford, meint, dass es eine Generation dauern kann, aber Magnolia wird, wie Arnold Schwarzenegger, wiederkommen.

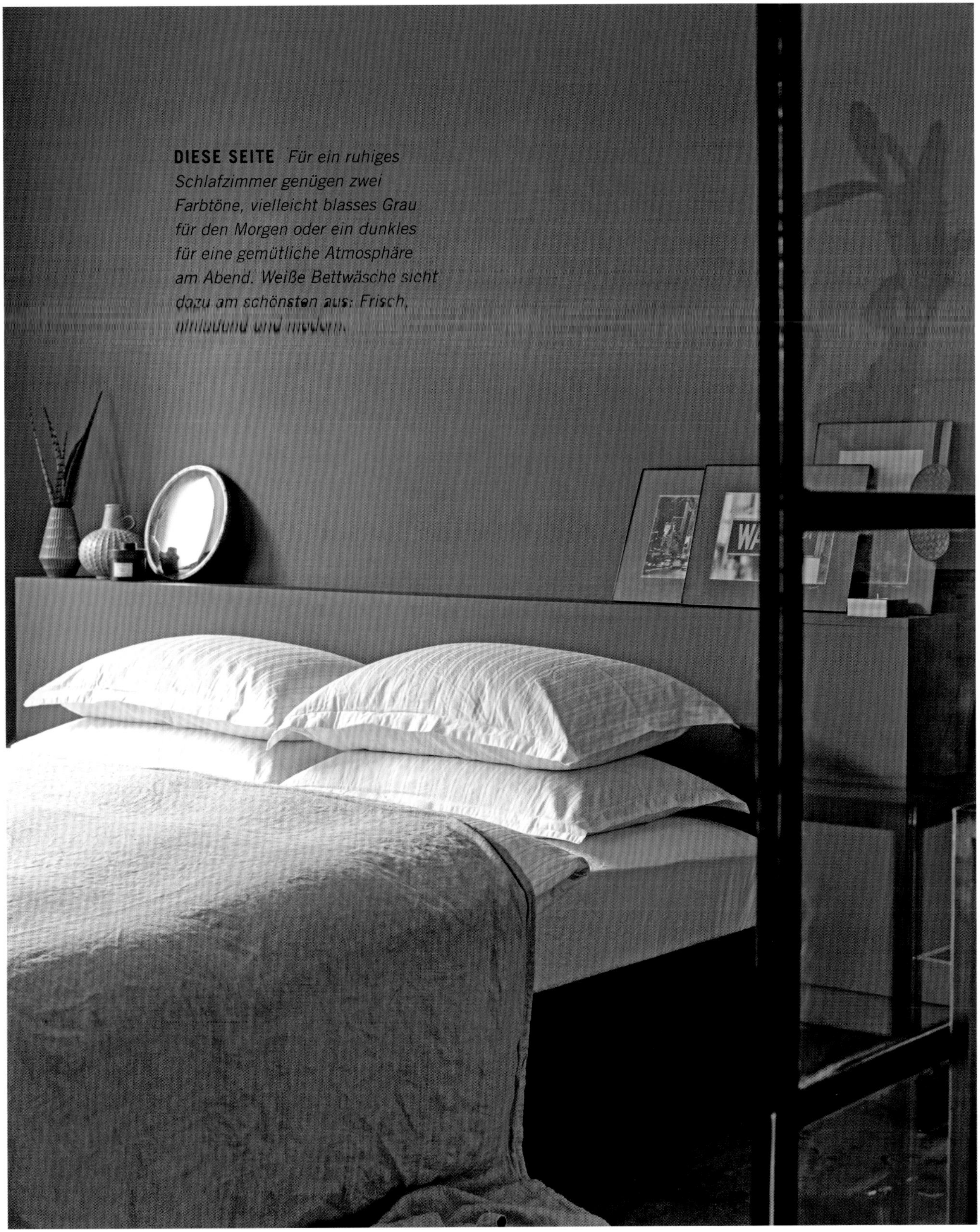

DIESE SEITE *Für ein ruhiges Schlafzimmer genügen zwei Farbtöne, vielleicht blasses Grau für den Morgen oder ein dunkles für eine gemütliche Atmosphäre am Abend. Weiße Bettwäsche sieht dazu am schönsten aus: Frisch, einladend und modern.*

GEGENÜBER UND OBEN *Wenn Sie nicht die ganze Wandfläche streichen wollen, sondern nur die obere oder untere Hälfte, beziehen Sie Türen und Fensterrahmen mit ein. Es gibt genau den richtigen Grauton für Ihre Wohnung, Sie müssen ihn nur finden. Denken Sie daran, dass er im Schatten dunkler wirkt. Berücksichtigen Sie bei der Farbwahl die Ecken, Nischen und Fenster in Ihrem Raum.*

Expertenmeinung

Sophie Paterson, Interior-Designerin aus der englischen Grafschaft Surrey, setzt in ihren klassisch-modernen Interieurs oft auf Grau. Sie sagt: »Meine Lieblingsmarke ist Zoffany, weil die Farben sehr verlässlich sind. Zurzeit bevorzuge ich Paris Grey. Es ist warm, hat einen grünlichen Unterton und passt zu fast allen Farben. Nur Lila sollte man vermeiden, weil es den Grünstich im Grau zu stark hervorhebt.«

Mir gefällt auch Silver, Silver-Double und Silver-Half, ein klares Grau mit einem Anklang von Blau, das bei verschiedenen Lichtverhältnissen konsistent bleibt. « Sophie empfiehlt, Farbproben immer auf zwei Wände zu streichen. »Das klingt aufwendig, hilft aber, teure Fehler zu vermeiden.«

FIGUE
NOIRE
MAD et LEN

»Das menschliche Wesen ist nicht schwarz-weiß. Es ist schwarz-grau«.

Graham Greene

GRAU UND DIE PSYCHOLOGIE

Ist Grau so beliebt, weil es zur aktuellen Grundstimmung passt? Wirtschaftliche Engpässe, Finanzkrisen, Sparprogramme und Zukunftssorgen können schon eine graue Stimmung verbreiten. Reines Grau, also die Mischung aus Schwarz und Weiß, wird außerdem mit negativen Begriffen wie Langeweile, Unentschlossenheit, Indifferenz und Alter in Zusammenhang gebracht. Warum also ist Grau als Wohnfarbe so angesagt?

BLUES IN GRAU

Karen Haller, Expertin für angewandte Farbpsychologie, findet Grau faszinierend. »Man hört nie jemanden sagen ‚Ich liebe es, wenn der Himmel grau ist'. Warum also wählen so viele Menschen Grau als Wohnfarbe? Ich glaube, es hat etwas damit zu tun, die Alltagswelt auszusperren und sich zu verkriechen.«

Karen fährt fort: »Leute, die ihr Schlafzimmer grau gestrichen haben, wundern sich oft, dass sie sich so müde und ausgelaugt fühlen. Das Grau entzieht ihnen Energie. Statt morgens ausgeruht aufzuwachen, brauchen sie einen doppelten Espresso.«

Karen selbst hat ihre Wohnung in warmen Erdtönen eingerichtet. Für sie ist Grau die einzige Farbe ohne direkte positive psychologische Eigenschaften. Sie meint: »Grau kann Unentschlossenheit und mangelndes Selbstbewusstsein suggerieren. Man trägt Grau, wenn man nicht gesehen werden möchte, wenn man seine Persönlichkeit verstecken und sich abschotten will.«

DIESE SEITE *Ein grauer Betonboden könnte kalt und nüchtern aussehen, aber mit rustikalem Holz und verschiedenen Textilien wirkt er verblüffend behaglich. Versuchen Sie es mit Ally's Earring von Benjamin Moore, einem sanften Perlgrau, das kein bisschen kühl wirkt und Möbeln im Industriestil die Härte nimmt.*

AMOUR
moderne
futur

Karen rät davon ab, Schlafzimmer, Kinderzimmer oder Räume, in denen man kreativ sein möchte, grau zu streichen. Damit stünde Grau für die Küche, den Arbeitsplatz im Esszimmer und eventuell das Bad nicht mehr zur Diskussion. Bleibt eine kleine Ecke im Wohnzimmer. Der Designer Laurence Llewelyn-Bowen meint, dass Grau die Leidenschaft dämpft und nirgends verwendet werden sollte, wo man Sex haben möchte. Wo das sein könnte, müssen Sie selbst entscheiden. Leatrice Eiseman, amerikanische Farbexpertin und führende Mitarbeiterin des Pantone Color Institute stimmt Karen zu. »Bei Farben spielt immer der Kontext eine Rolle. In einem Raum mit wenig Sonnenlicht wiederholt Grau die Farbe der Atmosphäre und ist für Menschen, die an verhangenen Tagen zu Depressionen neigen, keine gute Wahl.« Sie fährt fort: »Wenn Grau Sie wirklich anspricht, greifen Sie zu. Wenn Sie es aber nur wählen, weil es im Trend liegt oder jemand es empfohlen hat, werden Sie sich nie richtig wohl damit fühlen.« Allen, die noch nicht überzeugt sind, möchte ich eine eigene Erfahrung erzählen – nicht als Farb-

GEGENÜBER UND OBEN
Dunkles Grau erfordert Mut. Hier setzen die Accessoires in Blaugrün und Türkis lebendige Akzente. Auch der Stuhl mit Kuhfell trägt dazu bei, dass der Raum nicht düster wirkt. Welches Grau Sie auch verwenden: Kombinieren Sie dazu immer etwas Naturholz.

LINKS *Traditionelles Geschirr und Leinenservietten sehen auf einem grauen Set interessant und modern aus.*

psychologin, sondern einfach als Grau-Liebhaberin. Mein Wohnzimmer ist in einem sehr dunklen Grau gestrichen – Down Pipe von Farrow & Ball. Ursprünglich wurde die Farbe für Regenwasser-Fallrohre entwickelt, damit sie vor grauem Mauerwerk nicht auffallen. Sie gibt aber auch einen tollen Hintergrund für ein Sofa in Pink ab. Und für eins aus dunkelgrauem Velours. Ich habe ein schwarzes Gäste-WC, graue Bücherregale, eine dunkelgraue Wand in einem Zimmer und einen schwarzen Teppich in einem anderen. Aber zurück zur Geschichte. Kürzlich habe ich meine nach Norden liegende Küche in einem schönen Hellgrau gestrichen, obwohl mir davon abgeraten wurde. Fachleute meinten, die Farbe würde in einem Nordzimmer nicht gut aussehen. »Unsinn,« dachte ich. »Ich weiß es besser.« Und es sah toll aus ... zuerst. Bei manchen Lichtverhältnissen war es warm und einladend, aber bei anderen, das muss ich zugeben, kalt und trist. Ich arbeite am Küchentisch, und ich bemerkte, dass ich nicht produktiv war. Ich fühlte mich einfach nicht wohl. Als mein Mann, der ein zupackender Typ ist, einen neuen Anstrich vorschlug, stimmte ich zu – was uns beide überraschte. Wir haben ein kreidiges Weiß ausgesucht, das fantastisch zu den dunkelgrauen Regalen und der Edelstahl-Arbeitsplatte aussieht. Und nun sitze ich in der Küche und schreibe dieses Buch.

DIESE SEITE *Die Besitzer dieser Küche haben für die Unterschränke ein dunkles Grau und für Wände und Decken einen helleren Ton gewählt, der die Aussicht vor dem Fenster gekonnt einbindet – fast als wäre sie ein Teil des Raums. Accessoires in Senfgelb und Türkis leuchten vor dem dunklen Grau und wirken in der praktischen Küche wie kleine Stillleben.*

Expertenmeinung

Die amerikanische Stylistin und Fernsehmoderatorin Emily Henderson liebt Grau, weil es »so facettenreich ist. Es kann maskulin und feminin sein, regt das Denken an, wirkt intellektuell und dabei sehr schlicht. Aber Wandfarben haben ihre Tücken, und mir gelingt es selten auf Anhieb, den richtigen Ton zu finden. Ich habe einige Fehler gemacht und daraus gelernt. Was beispielsweise auf einem Foto gut aussieht, sieht im Farbtopf ganz anders aus, wieder anders an der Wand, anders am Abend und noch einmal anders, wenn ein blaues Sofa davor steht. Das ist ziemlich verwirrend. Hätte ich Kunst studiert, wäre ich vielleicht sicherer, aber so waren viele Versuche (und Irrtümer) nötig, bis ich den Bogen heraus hatte. Das ist wie mit den Männern. Mit manchen kann man prima feiern, andere gefallen der Familie, und manche fühlen sich wie ‚Zuhause' an. Dann gibt es die, neben denen man toll aussieht. Und andere, die man eigentlich nicht mehr sehen will, aber von denen man trotzdem nicht loskommt. Man versucht es wieder, schwört ihnen endgültig ab, kippt wieder um, versucht es noch einmal und wird abermals enttäuscht. So geht es mir mit Blaugrün. Ich finde es toll, aber an meinen Wänden kann ich es nicht ertragen.«

Emily bevorzugt Farben des amerikanischen Herstellers Benjamin Moore. Sie empfiehlt Gray Owl: »Klassisch und edel, aber nicht langweilig. Ein warmes Grau.« Und Oyster Shell: »Freundlich, hell, beruhigend, frisch und neutral.« Auch Lamp Room Gray von Farrow & Ball gefällt ihr: »Edler als die beiden anderen, und etwas atmosphärischer. Nicht verspielt oder heiter, sondern dramatisch und elegant.«

GEGENÜBER *Tiefschwarz kann in Wohnräumen sehr hart wirken. Versuchen Sie es stattdessen mit Railings oder Little Greene Basalt von Farrow & Ball. Mit Naturleder, Vintage-Leuchten und rustikalen Accessoires wirken diese Farben dramatisch und dennoch einladend. Urban Obsession von Dulux passt auch zu einem ländlichen Einrichtungsstil mit Blumenmustern auf Sofa oder Kissen.*

RECHTS *Eine graue Wand mit einer Galerie von Spiegeln holt Tageslicht in den Raum.*

DIESE SEITE
Üppige Vorhänge und ein Tischtuch sorgen dafür, dass dieser Raum eine warme Ausstrahlung bekommt.

OBEN *Zimmerpflanzen waren in den 1980er-Jahren nicht angesagt, sind aber wieder im Kommen. Ein großer Klecks lebendiges Grün sieht vor Grautönen aller Art gut aus.*

RECHTS *Wenn Sie befürchten, dass Grau hart wirkt, setzen Sie auf weiche Textilien wie Samt, Kaschmir oder Kunstpelz.*

EIN BISSCHEN WISSENSCHAFT

Über Farbtheorie könnte man ein ganzes Buch schreiben. Hier will ich mich kurz fassen. Die Farbenlehre baut auf dem Farbkreis auf. Es gibt drei Primärfarben – Gelb, Rot und Blau – und der Sekundärfarben – Orange, Violett und Grün. Dazwischen gibt es sechs Tertiärfarben.

Damit ist die Vielfalt nicht zu Ende. Mischt man eine Farbe mit Weiß, wird sie heller. Gibt man Schwarz dazu, wird sie dunkler, und durch einen Zusatz von Grau wird sie matter. Außerdem können Farben eine unterschiedliche Sättigung oder Farbintensität aufweisen. 1928 wurde eine wichtige Tatsache über das menschliche Farbsehvermögen gemacht. Man fand heraus, dass die 16 Millionen Farben, die das Auge erkennen kann, sich letztlich nur darin unterscheiden, wie viel Blau oder Gelb sie enthalten.

In jede der beiden Gruppen fallen also 8 Millionen Farben, und die wichtigste Regel lautet, dass man die Gruppen nicht mischen kann.

Bei 16 Millionen Farben kann es leicht vorkommen, dass man sich nur um Nuancen vergreift, und schon ist die ganze schöne Farbgestaltung dahin. Das ist, als ob man ein falsches Gewürz an ein Gericht gibt. Wenn Sie jemals versucht haben, Grautöne zu kombinieren, und das Ergebnis einfach nur trist aussah, lag es möglicherweise daran, dass Sie Grau mit rosa und gelben Untertönen gemixt haben – und die beiden vertragen sich einfach nicht. Grautöne gekonnt zu kombinieren ist schwierig. Ich beschränke mich lieber auf ein ausdrucksvolles Grau und stelle ihm klares Weiß oder sogar Schwarz zur Seite. Sonst besteht Gefahr, dass die ganze Kombination irgendwie unentschlossen aussieht. Wählen Sie eine Farbe, und stehen Sie zu ihr. Hell oder dunkel, das spielt keine Rolle, wichtig ist eine klare Entscheidung. Wenn Sie verschiedene Grautöne verwenden möchten, wählen Sie einen für die Wände und einen anderen für Textilien: blasse Seide, Strick in Anthrazit, Webpelz und hellgraues Leinen vertragen sich gut.

GEGENÜBER *Lassen Sie sich ruhig von Zeitschriftenfotos inspirieren. Sie könnten beispielsweise die Türen eines Einbau-Kleiderschranks in verschiedenen Nuancen einer Farbe streichen, sodass ein interessanter Farbverlauf entsteht.*

OBEN *Grautöne sind wegen ihrer verschiedenen Untertöne schwer zu kombinieren. Versuchen Sie es mit verschiedenen Materialien, vielleicht einer Wand mit Holztäfelung und Marmordruck-Tapete, dazu verschiedene Textilien.*

RECHTS *Für mich gehört in jeden Raum ein bisschen Schwarz. Es wirkt dynamisch und gibt dem Raum Charakter. Ebenso kann auch dunkles Grau verwendet werden: für eine ganze Wand oder nur einige Kissen oder einen Lampenschirm.*

Wussten Sie …

Benjamin Moore produziert eine Farbe, deren Wirkung nicht von dem Auf und Ab der Tageslichtverhältnisse beeinflusst wird. Der Name? Wall Street. Wie wäre es mit Perspective? Ein helles Grau oder ein blasses Blau? Das ist nur eine Frage der Sichtweise.

Auf der Website greyorgray.com (tatsächlich, es gibt eine Website zum Thema Grau!) findet sich eine weitere Differenzierung für Grau: »grey« Grau als Farbe und »gray« als Graustufenskala, also den Bereich zwischen Schwarz und Weiß.

DIESE SEITE UND GEGENÜBER *Ich bin der Meinung, dass in jeden Raum etwas Holz gehört. Sonst kann gerade eine Wohnung mit viel Grau leicht wie eine Junggesellenbude aus den 1980er-Jahren aussehen. Die Balken sorgen durch den Kontrast zu Beton im Bad und dunkelgrauen Wänden im Schlafzimmer für eine gewisse Lässigkeit.*

EIN BISSCHEN GESCHICHTE

Jahrhundertelang wurde Grau als praktische »Nicht-Farbe« für Arbeitskleidung betrachtet. Es war die Farbe von Gefängnissen und Kriegsschiffen – also Dingen, die keine interessante Farbe brauchen, oder die auf einen Anstrich warten. Vor der Erfindung von Farbfotografie und Farbfernsehen haben wir viel Grau gesehen. Und weil Grau so schmutzunempfindlich ist, wird es seit jeher für öffentliche Gebäude bevorzugt.

Im Mittelalter war Grau die Farbe der Armen. Es gab sogar Gesetze, die regelten, welche Gesellschaftsschicht welche Farben tragen durfte. Prächtige, intensive Farben wie Rot und Purpur waren Königen, Adligen und wenigen Reichen vorbehalten. Mönche trugen Grau, die Farbe ungefärbter Wolle, als Ausdruck ihres Armutsgelübdes.

Bis in die Mitte des 19. Jahrhunderts waren Färbemittel teuer. Grau war also eine billige Farbe. Wer sich porträtieren ließ, zog für die Sitzungen seine farbigsten Kleider an. Grau wäre ungeeignet gewesen, um Wohlstand und Macht auszudrücken.

RECHTS *Dieser Raum bringt meine Designprinzipien auf den Punkt. Das dunkelgraue Sideboard (Down Pipe von Farrow & Ball) erdet den Raum, während viel Naturholz und die Ziegelumrandung des Kamins heimelige Wärme ausstrahlen. Als Wandfarbe passt dazu Putty von Dulux oder RAL 7044 Seidengrau.*

LONDON
FIRE

GEGENÜBER UND OBEN *Diese Räume zeigen, wie kapriziös Grau sein kann. Pigeon von Farrow & Ball hat einen deutlichen Grünstich, der in einem Schlafzimmer dunkel und stimmungsvoll wirken kann. Zwei Dinge weiß ich genau: Der ideale Kombipartner ist Weiß, und ich habe noch nie eine Taube (Pigeon) in dieser Farbe gesehen. Kaufen Sie vorsichtshalber ein Probedöschen.*

Schwarz kam erstmals in den 1920er-Jahren in Mode, erklärt Tony Glenville, Kreativdirektor der School of Media and Communications am London College of Fashion. Vorher trug man nur Abendkleider aus edlen, schwarzen Stoffen. Ein gutes Beispiel ist Sargents Porträt der Madame X. Es zeigt eine junge Dame der feinen Gesellschaft in einem schwarzen Satinkleid mit gewagt tiefem Rückenausschnitt. Für die Szene beim Pferderennen in dem Film My Fair Lady stand »Black Ascot« Pate. 1910, kurz nach dem Tod König Edwards VII, erschien der gesamte britische Adel in Trauerkleidung zum Rennen. Nachdem Christian Dior 1947 mit seinem New Look Furore gemacht hatte, wurde Grau in der Nachkriegszeit die Modefarbe für Damenkostüme. Edith Head, die als Kostümdesignerin an vielen Hitchcock-Filmen mitgewirkt hat, kleidete weibliche Heldinnen oder Opfer gern in edles Grau. Auch modebewusste Frauen wie die Herzogin von Windsor und Marlene Dietrich setzten auf Grau.

Tony Glenville findet an grauer Kleidung interessant, dass der Stoff enormen Einfluss auf die Farbwirkung hat. »Stellen Sie sich Seide, Kaschmir und Flanell in Grau vor, vielleicht noch bei verschiedenen Lichtverhältnissen. Bei uns im Norden sehen solche Farben gut aus, unter der Mittelmeersonne eher merkwürdig. Die Graupalette reicht von Anthrazit bis zum blassen Silbergrau. Da ist es nicht leicht, den optimalen Ton zu finden.«

“So wie ein Schokoladenüberzug den Geschmack eines Plätzchens verstärkt, lässt Grau die Farben in seiner Umgebung leuchten.”

Marianne Shillingford, *Kreativ-Direktorin bei Dulux*

Wussten Sie …

Grau ist die Farbe der Halbtrauer. Im viktorianischen England gab es für Todesfälle eine strenge Etikette. Ratschläge zur Einhaltung der Regeln wurden in Haushaltshandbüchern und Frauenzeitschriften veröffentlicht. In den ersten Monaten nach dem Tod eines engen Angehörigen war man in »tiefer Trauer« und trug von Kopf bis Fuß Schwarz. Nach einer bestimmten Zeit (die davon abhing, wen man betrauerte) konnte man die schwarzen Kleider ablegen und während der folgenden Monate der Halbtrauer gedecktes Grau oder Flieder tragen.

Im Englischen schrieb man »grey« mit e. Im 18. Jahrhundert führte der Schriftsteller und Lexikograph Samuel Johnson die Schreibweise mit a ein (gray). In England hat sich die Schreibweise mit e gehalten, in den USA bevorzugt man die Version mit a.

DIESE SEITE UND GEGENÜBER *Die Täfelung ist in der Farbe Mouse's Back von Farrow & Ball gestrichen, die Farbe der Fensternischen heißt Elephant's Breath (ebenfalls von Farrow & Ball). Sie gewinnt durch den Kontrast zum klaren Weiß. Elephant's Breath gehört zu den Farben, die sich mit den Lichtverhältnissen stark verändern. Mal ist es ein klares Grau, mal tendiert es eher zum Beige.*

GRAU IST DIE ZUKUNFT

Kehren wir zurück ins 21. Jahrhundert. Für Marianne Shillingford steht Grau auch für den Fortschritt, schließlich ist es die Farbe von Baumaterialien wie Stein, Beton und Pflastersteinen.

Grau ist die Farbe unserer Städte. Seit immer mehr Menschen vom Land in die Städte gezogen sind, haben sie sich an die graue Umgebung gewöhnt, sie ist ihnen vertraut geworden. Grund genug für ein großes Unternehmen wie Dulux, hunderte verschiedene Grautöne anzubieten.

OBEN *Wenn Sie befürchten, das Schlafzimmer könnte zu dunkel wirken, verwenden Sie für die Wände einen helleren Ton wie Inox oder Shallows von Little Greene. Ein dunkleres Kopfteil kann davor beschützend wirken.*

LINKS *Ein weißes Objekt wie diese Hand bekommt durch dunkles Grau einen dramatischen Rahmen. Sie könnten den Kontrast mit Bettwäsche in verschiedenen Weißtönen aufgreifen. Der Vorteil ist, dass Sie nicht lange nach Bettwäsche in passendem Grau suchen müssen.*

DIESE SEITE *Im Schatten von Ecken und Nischen wirkt Grau dunkler. Selbst ein sehr heller Ton kann zu bestimmten Tageszeiten und in verschiedenen Bereichen des Raums eine unterschiedliche Wirkung entfalten. Wood Ash von Little Greene ist ein warmer Grauton. Auch Cornforth White von Farrow & Ball ist hell, kann aber in Räumen mit Nordfenstern kühl wirken.*

»Manche Farben gibt es schon lange, aber sie wurden nur in Skandinavien angeboten, wo Grau schon seit Generationen beliebt ist«, erklärt Marianne. »Andere sind völlig neu.« Tatsächlich gibt es sehr viele neue Grautöne, und die meisten von ihnen bezeichnet der Hersteller als komplexe Neutralfarben. Dieser Begriff hilft nicht gerade, den Nebel der Verwirrung zu lichten. Und eine riesige Auswahl ist auch nicht immer hilfreich.

Der Hersteller Little Greene dagegen beschränkt sich auf eine Palette von 28 Grautönen, von denen das samtig-warme French Grey der beliebteste ist. Geschäftsführer David Mottershead betont, dass die Töne sehr sorgfältig ausgewählt wurden, und dass mehr nicht nötig seien.

GEGENÜBER *Grau kann die Farben seiner Umgebung reflektieren und absorbieren. Zu einem schwarzen Fußboden passt darum am besten eine helle Wandfarbe. Polished Pebble von Dulux behauptet sich, ohne zu dominieren.*

OBEN *Dieser Raum hat so viele Winkel, dass man am besten eine sehr helle oder eine sehr dunkle Farbe wählt. Sonst besteht Gefahr, dass die vielen Schatten die Wirkung der Farbe zunichtemachen. Für so einen Raum eignet sich der neutrale Grauton Rock Salt von Dulux.*

LINKS *Wenn die Hintergrundfarbe festgelegt ist, können Sie mit Accessoires spielen. Nichts spricht gegen eine Ton in Ton abgestimmte Palette, aber streuen Sie das eine oder andere Vintage-Stück ein, damit das Ganze nicht allzu gestylt aussieht.*

Douche

GEGENÜBER, IM UHRZEIGERSINN VON OBEN LINKS *Gegen die Tradition, aber effektvoll: statt des Kamins die Wand streichen. Das Grauspektrum reicht von dunklem Weiß bis zu Fast-Schwarz – irgendwo dazwischen liegt der richtige Ton für Sie. Weiße Wände zu dunklen Rahmen wirken ausdrucksvoll und modern. Selbst Wasserhähne können vor dunklem Hintergrund schön sein.*

RECHTS *Zu Grau passt jede Farbe – ob rustikale Blumen oder streng geometrische Muster.*

Expertenmeinung

Kimberly Duran stammt aus Pennsylvania in den USA, lebt in Manchester und schreibt den Interior-Blog swoonworthy.co.uk. Sie hat mehrere Zimmer in ihrer Wohnung grau gestrichen und ist ein großer Fan des internationalen Herstellers Dulux.

»Für mein Schlafzimmer habe ich Night Jewels 1 ausgesucht,« sagt sie, »das dunkelste Schiefergrau, das ich finden konnte. Es ist nicht so hart wie reines Schwarz, darum wirkt es gemütlich. Und alles hebt sich dagegen toll hervor.«

Im Esszimmer hat sie Night Jewels 3 verwendet. Sie beschreibt es als »ein weiches Grau mit einem warmen Anklang von Violett. Wer dunkle Farben probieren möchte, aber seiner Sache nicht ganz sicher ist, sollte sich diesen Grauton genauer ansehen, weil er zu so vielen anderen Farben passt. Er wirkt ähnlich wie Down Pipe, ist aber preiswerter.«

“Wenn ich alles grau sehe, und im Grau alle Farben finde, die ich erlebe und wiedergeben möchte, warum soll ich dann eine andere Farbe verwenden? Ich habe es versucht, weil ich nie vorhatte, nur in Grau zu malen. Aber im Lauf der Zeit habe ich eine Farbe nach der anderen weggelassen. Geblieben ist Grau, Grau, Grau.”

Alberto Giacometti

DEN RICHTIGEN TON TREFFEN

Sich für Grau zu entscheiden ist der einfache Teil Aber welches Grau? Farbexpertin Karen Haller erklärt, dass es schwierig ist, den richtigen Farbton zu finden, weil Grau oft andere Untertöne hat.
Amy Wax, Erfinderin der App Color911, sagt: »Wer sich für Grau entscheidet, muss warmes und kühles Licht berücksichtigen und wissen, wie viel Sonnenlicht ein Raum bekommt. Die Schwierigkeit von Grau ist, dass so viele Faktoren zu bedenken sind.«

NORDEN, SÜDEN, OSTEN ODER WESTEN?

Fragen Sie sich zuerst, wie viel Tageslicht Ihr Raum bekommt, und ob es von Norden, Süden, Osten oder Westen hineinfällt. Die Himmelsrichtung beeinflusst das Aussehen einer Farbe. Darum kann exakt derselbe Farbton in verschiedenen Räumen völlig unterschiedlich wirken.

Nehmen wir zum Beispiel Elephant's Breath von Farrow & Ball. Manche Leute schwärmen von diesem warmen, eleganten Grau, und ich habe eine Freundin, in deren Wohnung es wirklich großartig aussieht – und definitiv grau. In meinem Haus erweist es sich als komplexe Neutralfarbe, die – abhängig von den Tageslichtverhältnissen – in jedem Raum anders wirkt. Im Gegensatz zu hellen Grautönen, die kühl erscheinen können, wirkt Elephant's Breath nie kalt oder bläulich. Es kann aber aussehen wie Beige. Die Sache mit dem Tageslicht ist schwierig … darum wurden Probedöschen erfunden.

LINKS *Vor allem helle Grautöne werden stark durch das Tageslicht beeinflusst. Wenn Sie ein Zimmer mit Nordfenstern in einem kühlen Grau streichen wollen, sollten Sie ihm einen warmen Naturholzboden und sanfte Farben zur Seite stellen.*

DIESE SEITE *Brechen Sie ruhig mit der Tradition, Fensterrahmen weiß zu streichen. Probieren Sie eine dunklere Version der Wandfarbe, damit die Fenster den Blick nach draußen einrahmen.*

FASHION

GEGENÜBER *Die Grundpalette dieses Raums ist konsequent in Grau gehalten. Akzente in Rot machen ihn warm und einladend.*

LINKS AUSSEN *Die Wand um den Kamin ist mit Off Black von Farrow & Ball gestrichen. Es ist sanfter als reines Schwarz und hat keinen Blaustich.*

LINKS *Dunkelgrau gestrichenes Mauerwerk als neue Interpretation des Industriestils.*

UNTEN *Wände und Bodenbelag in Anthrazit geben einen tollen Hintergrund für den Marmortisch und den weißen Stuhl ab.*

NORDEN

Licht von Norden ist gleichmäßig (das gefällt Malern und Fotografen), aber es hat einen leichten Blaustich. Darum haben helle Grautöne in Zimmern mit Nordfenstern ihre Tücken. Manche sehen kalt oder bläulich aus – jedenfalls nicht so, wie auf der Farbkarte. Wenn man allerdings das Durchhaltevermögen besitzt, den perfekten Grauton zu suchen, kann er großartig aussehen. Rechnen Sie aber damit, viele auszuprobieren. Wenn das Nordzimmer auch noch klein und dunkel ist, versuchen Sie nicht, mit hellen Farben zu tricksen. Es wird ein kleiner, dunkler Raum bleiben. Nehmen Sie den Raum lieber, wie er ist, und gestalten Sie ihn ganz bewusst gemütlich. Wählen Sie ein dunkles Grau – fast Schwarz, wenn Sie den Mut haben – und streichen Sie nicht nur die Wände, sondern auch die Fußleisten. Die Decke kann weiß bleiben, und wenn Sie mögen, streichen Sie auch den Boden weiß. Hängen Sie einige Spiegel auf, die Licht reflektieren, dazu vielleicht Messingleuchten und einen Glastisch.

GEGENÜBER *Verschiedene Textilien, raue Schrankflächen, Beton-Arbeitsplatte, Fliesenboden und Wandtäfelung bilden in dieser Küche einen spannenden Mix, der durch die graue Farbe einen gemeinsamen Nenner bekommt. Wenn Sie diesen Stil mögen, könnten Sie ihn mit Storm Grey von Zoffany umsetzen.*

Wenn Sie in verwegener Stimmung sind, könnten Sie für die Wände eine Hochglanzfarbe verwenden. Sie wirkt wie Lack, reflektiert Licht und lässt den Raum größer erscheinen. Denkbar ist sogar, die Decke dunkel glänzend zu streichen. Früher dachte man, dadurch würde sie niedriger wirken, aber tatsächlich ist das Gegenteil der Fall. Als fünfte Wand im Raum bildet eine dunkle Decke einen tollen Blickfang und setzt eine interessante Hängeleuchte in Szene. Es empfiehlt sich, ein Grau mit einer Tendenz zu Steintönen oder Beige zu wählen, die bei Kunstlicht wärmer wirken und den Raum gemütlich machen.

Marianne Shillingford, Kreativ-Direktorin bei Dulux. kennt zum Gestalten mit Grau einige gute Tipps. Sie vergleicht es mit dem Kochen. »Alles steht und fällt mit den Zutaten. Wenn Sie ein Nordzimmer hellgrau streichen wollen, müssen Sie den Raum geschickt beleuchten, damit die Farbe nicht kalt wirkt. Naturholz und die Texturen weicher Stoffe bilden einen guten Ausgleich zur unterschwelligen Kühle der Wandfarbe.«

LINKS *Eine simple Täfelung sieht mit einem dunkelgrauen Anstrich – hier mit Railings von Farrow & Ball – gleich viel interessanter aus. Die Messinglampe reflektiert das Tageslicht und vertreibt die Düsternis.*

FLOUR
BREAD

Im Lauf der vielen Grau-Experimente in meiner Küche habe ich die Wände auch einmal hellgrau gestrichen. Da die Küche Nordfenster hat, sah die Farbe kühl und langweilig aus. Niemand fühlte sich dort richtig wohl. Wir benutzen die Küche hauptsächlich tagsüber. Beleuchtet wird sie mit LED-Deckenstrahler, die nicht gerade romantisch sind. Wir haben Arbeitsflächen aus Edelstahl und, als ob das nicht genug wäre, eine Metalldecke. Mariannes hilfreicher Kommentar: »Kein Wunder, dass es restlos schief ging.« Mit ein paar Lampen in verschiedenen Höhen, Arbeitsflächen aus Naturholz und einer verputzten Decke hätte die Küche ganz anders ausgesehen. In der Küche kann es schwierig sein, solche Veränderungen vorzunehmen, im Wohnraum oder Schlafzimmer liegen die Dinge schon anders.

GEGENÜBER *Wenn Regale, Fachböden und die Wand dahinter in einem einheitlichen Grauton gestrichen sind, heben sich die einzelnen Objekte hervor wie Kunstwerke. Verschwindet alles hinter Türen, wirkt die Küche sachlich und modern, also ganz anders als diese.*

OBEN LINKS *Die Kissen auf dem Sofa wirken wie lässig hingeworfen, tatsächlich korrespondiert ihre Anordnung aber mit dem geometrischen Bild an der Wand. Das Beispiel zeigt, wie attraktiv die Kombination von Grau in verschiedenen Tönen und Texturen sein kann. Die gelben Kissen könnten der Abwechslung halber gegen eine andere Farbe ausgetauscht werden.*

OBEN RECHTS *Hier ist Grau die einzige Farbe, aber die strukturierte Wand, die Korkdecke, die Läufer und der Ledersessel ergeben ein stimmiges Gesamtbild, das keine weiteren Farben braucht.*

„Geschmack bedeutet, selbstbewusste Entscheidungen zu fällen."

Simon March, *Gründer von Colour Makes People Happy*

GEGENÜBER AND OBEN *Wer getäfelte Wände mag, muss nicht in einen Altbau ziehen. Statt eine Imitation anzubringen können Sie auch zu Malerkrepp und Pinsel greifen. Hier wurde Hardwick White von Farrow & Ball auf einem Hintergrund in Shaded White verwendet. Wenn Ihnen die Optik nicht mehr gefällt, streichen Sie die Wände einfach über.*

LINKS *Dunkle Wände wirken dramatisch und behaglich. Hier reflektiert das große weiße Bild Tageslicht, das durch das Fenster in den Raum fällt.*

SÜDEN

Es ist keine große Weisheit, dass Räume mit Südfenstern tagsüber von warmem, goldenem Licht erfüllt sind. Das gibt bei der Wahl der Farbgestaltung viel Freiheit. Warme und kühle Farbtöne können in einem Südzimmer gut aussehen. Selbst die schwierigen hellen Grautöne, die in einem dunkleren Raum grünlich oder kalt wirken können, eignen sich für Südzimmer und sind oft interessanter als schlichtes Weiß. Natürlich sind auch dramatisch dunkle Töne denkbar, denn durch das helle Tageslicht wird der Raum trotzdem nicht düster wirken. Mein Wohnzimmer ist der beste Beweis. Es hat Südfenster und Wände in dunklem Anthrazit. Tagsüber ist der Raum dennoch hell und freundlich, und abends, wenn das Licht eingeschaltet wird, bekommt er eine wunderbar gemütliche Atmosphäre.

OST & WEST

Die Schwierigkeit von Ost- und Westzimmern liegt darin, dass sich die Lichtqualität verändert. Liegen die Fenster nach Südosten, ist das Licht am frühen Morgen klar und bläulich, am späten Nachmittag dagegen warm und golden. Ebenso verhält es sich mit Fenstern nach Nordwesten. Das bedeutet, dass sich ein warmes Grau im Lauf des Tages in ein Beige verwandelt, während ein kühleres Grau kalt und hart werden kann. Für solche Räume gilt es, einen Ton zu finden, der warm und kühl zugleich wirken kann. Zimmer mit Ostfenstern haben manchmal ein bläuliches Licht. Wenn das der Fall ist, sollte man nicht gegensteuern, sondern lieber Grautöne mit einem Anklang von Blau oder Grün wählen.

GEGENÜBER *Traditionell wird der untere getäfelte Wandbereich in einer dunkleren Farbe gestrichen und der obere Bereich in einer helleren. Die Besitzer dieser Wohnung haben sich für eine einheitliche Farbe entschieden, die Pearl von Little Greene ähnelt.*

RECHTS *French Grey von Little Greene ist ein Grau, das nie kalt oder düster wirkt. In Verbindung mit Weiß kommt es geradezu frisch daher, und es passt zu allen Einrichtungsstilen – von rustikal über industriell bis urban.*

LINKS *Wenn Sie befürchten, dass graue Wände einen Raum zu stark verdunkeln, hängen Sie einen großen Spiegel auf.*

GEGENÜBER, IM UHRZEIGERSINN VON OBEN LINKS *Ein ruhiges, neutrales Grau für das Schlafzimmer ist Paper Chain von Dulux. Dunkel gestrichene Regale setzen schöne Accessoires toll in Szene. Schranktüren in Off Black von Farrow & Ball. Steinvasen in sanften Grautönen auf einem rustikalen Holztisch.*

Expertenmeinung

Hilary Robertson arbeitet als Stylistin und Buchautorin in Brooklyn. Sie bevorzugt Grautöne mit einem Anklang von Braun oder Rosa, weil ihr die bläulichen Grautöne zu kühl sind. »Blaugrau hat den Charme von zugigen Behördenfluren. Durch eine Tendenz zu Rosa oder Braun wird Grau wärmer.«

Hilary stammt aus England und musste nach ihrem Umzug in die USA beim Renovieren ihrer Wohnung lernen, mit den Farbkarten von Benjamin Moore zurechtzukommen. Farben von englischen Herstellern waren nicht zu bekommen – oder unverschämt teuer. »Zuerst habe ich versucht, Farben, die ich kannte, selbst zu mischen. Aber das klappt nie. Also habe ich mir die Benjamin-Moore-Farben angesehen. Besonders gut gefällt mir Sea Haze, ein schönes Grüngrau, das zu fast allem passt. Es ist neutral, aber nicht charakterlos.«

Hilary mag dunkles Grau im Schlafzimmer und helles im Wohnbereich. Sie räumt aber ein, dass das Geschmackssache ist. »In jedem Fall ist aber wichtig, dass die Fußleisten auf den Grauton abgestimmt sind. Wenn Sie die Decke nicht in derselben Farbe wie die Wände streichen wollen, wählen Sie einen helleren Ton, aber nicht Weiß. Dadurch wirkt der ganze Raum höher.«

OBEN *Die Bilder heben sich von einer dunklen Wand großartig ab. An einer weißen Wand würden diese kleinen Bilder nicht halb so interessant wirken.*

LINKS *Selbst gestreifte Kissen gewinnen durch den dunklen Hintergrund.*

WEITERE ÜBERLEGUNGEN

In Bezug auf Hellgrau hört man oft die Klage, es sei gar kein Grau, sondern Flieder. Das liegt daran, dass man Grau nie isoliert sieht. Möbel, Textilien und Bodenbelag können die Wirkung der Wandfarbe beinflussen. Wenn beispielsweise das Licht von einem pinkfarbenen Sofa reflektiert wird und auf die Wände fällt, dann erscheinen diese zart lila. Auch das bläuliche Licht mancher LED-Leuchten kann die Wirkung der Farben im Raum verfremden.

Wer mutig ist, kann den Effekt der Reflexion auch nutzen und beispielsweise ein gelbstichiges Grau für die Wände mit einem violetten Sofa kombinieren. Gelb und Violett stehen einander auf dem Farbkreis gegenüber, sie sind Komplementärfarben und betonen sich durch den Kontrast gegenseitig. Die Kombination fällt ins Auge, wirkt aber nicht sonderlich ruhig. Wenn Sie es weniger spannungsvoll mögen, sind Sie mit Wänden in einem warmen Grau und einem roten Sofa auf der sicheren Seite.
Wenn Sie die Auswirkungen der Himmelsrichtung und Ihrer sonstigen Einrichtung nicht einschätzen können, sind Sie mit einem sehr dunklen Grau gut beraten. Es wirkt nie kalt und bildet eine großartige Kulisse, vor der Ihre Lieblingsstücke einen großen Auftritt haben.

DIESE SEITE *Mit einer hellgrauen Wand zu einem himbeerroten Sessel kann man nichts falsch machen. Eine Variation über dasselbe Farbthema bilden die pinkfarbenen Kissen auf dem grauen Sofa und die leuchtende Blüte im Nachbarzimmer.*

Wusstten Sie …

In der griechischen Mythologie waren die »grauen Schwestern« drei Frauen namens Deino, Enyo und Pamphredo, die Graien, die gemeinsam nur ein Auge und einen Zahn hatten. Sie waren Töchter der Meeresgottheiten Phorcys und Keto und Schwestern der Gorgonen. Ihr Name leitet sich wahrscheinlich von dem griechischen Wort »graia« (alt) ab. Die Graien sind das personifizierte Alter.

DIESE SEITE *Grau verträgt sich gut mit anderen Farben. Die Kombination mit Burgunderrot vereint Wärme und etwas Theatralik. Dazu passen helle Handtücher, die sich optisch zurückhalten.*

DIESE SEITE *Ein warmes Grau mit einem Anklang von Flieder wirkt im Schlafzimmer schön ruhig und gibt den femininen Details Charakter.*

GEGENÜBER *Dieser Raum ist im Farbton Manor House von Farrow & Ball gestrichen. Die Firma bezeichnet als »das definitive Grau«, weil es bei allen Lichtverhältnissen grau aussieht. Die ausdrucksvolle Farbe passt am besten in Wohnungen mit geradliniger, klarer Architektur.*

OBEN *Dies ist die Wandfarbe Plummet, ebenfalls von Farrow & Ball. Der Kontrast zu Weiß und die ungewöhnlichen Leuchten vertragen sich gut mit dem Farbton.*

WELCHE HALBKUGEL?

Zugegeben, die Frage klingt merkwürdig, weil wir ja nur eine Dose Farbe kaufen wollen. Trotzdem ist es kein Zufall, dass der Grau-Trend auf der nördlichen Erdhalbkugel begonnen hat, wo das Licht (und das Wetter) kühl sind.

Blasse Farben und sanfte Grautöne könnten im Licht des Nordens attraktiv aussehen, aber im hellen Sonnenlicht von Kapstadt oder Sydney schmuddelig wirken. Auf der südlichen Halbkugel kann man mit intensiven, sogar knalligen Farben in einer Weise gestalten, die in London, Brooklyn oder Kopenhagen nicht denkbar wäre. Grundsätzlich sind bei kühlem Licht warme Grautöne mit Anklängen von Rosa oder Gelb empfehlenswert. Näher am Äquator, wo das Licht intensiv und hell ist, sind kühle Grautöne mit Tendenz zu Blau, Grün oder Violett vorteilhafter.

UNTEN *Schöne Farben für kühles Licht sind Warm Pewter von Dulux oder Soho Loft von Benjamin Moore.*

WANN NUTZEN SIE DEN RAUM?

Dies ist vielleicht die wichtigste Frage von allen, und trotzdem vergessen viele Leute, sie sich zu stellen. Halten Sie sich in dem Raum hauptsächlich tagsüber auf? Oder abends, wenn das Licht eingeschaltet wird? Vielleicht denken Sie, es geht mich gar nichts an, was Sie wann in welchem Raum Ihrer Wohnung tun – und da haben Sie Recht. Ich frage aber gar nicht, was Sie tun – nur wann.

Darf ich erklären? Ich nutze mein Wohnzimmer nur abends. Meine Kinder sind Teenager und halten sich lieber in ihren Zimmern oder in der Küche auf. Also ist das Wohnzimmer bis etwa 20.00 Uhr leer. Ich habe es in einem dunklen Grau gestrichen, das bei Lampenlicht (das fast immer eingeschaltet ist) und hinter dem Fernseher toll aussieht. Auch für Bilder gibt es einen guten Hintergrund ab. Einen Raum, den Sie hauptsächlich abends oder bei Lampenlicht nutzen, können Sie getrost dunkel streichen. Er ist schon dunkel, also können Sie ihn nicht dunkler machen.

DIESE SEITE UND GEGENÜBER *Down Pipe von Farrow & Ball ist die Madonna unter den grauen Farben. Sie brauchen den Hersteller nicht zu nennen – der Farbname genügt, und jeder weiß, wer die Farbe produziert und wie sie aussieht. Down Pipe ist warm und dramatisch, passt in moderne, traditionelle, ländliche und urbane Wohnungen, sie wird durch Kunstlicht nicht verfremdet und lässt alles im Raum aussehen, als sei es mit großer Sorgfalt zusammengestellt.*
Ein ähnlich schönes Dunkelgrau ist Night Jewels 1 von Dulux.

DIESE SEITE *Wenn Sie bei der Farbwahl unsicher sind, Schwarz-Weiß aber etwas nüchtern finden, setzen Sie auf Grau. Es verträgt sich mit so vielen Farben. Mintgrün ist nicht mein Favorit, aber neben diesem sanften Grau sieht es richtig interessant aus.*

Die Küche andererseits wird hauptsächlich tagsüber genutzt. Vielleicht isst man abends dort, aber dann zieht man um ins Wohnzimmer. Dort ist also ein Grau gefragt, das Tageslicht und Kunstlicht verträgt. Wenn der Raum viel Tageslicht bekommt, käme ein dunkles Grau infrage. Ob man eine dunkle Küche dunkel streichen sollte, ist Ansichtssache. Zu dem Thema gibt es zwei Standpunkte. Der eine lautet, dass man die Gegebenheiten positiv nutzen sollte, zum Beispiel mit dunklen Wänden zu hellen Schränken und einem hellen Fußboden. Wenn Ihnen eine dunkle Küche nicht zusagt, brauchen Sie ein helleres Grau. Damit kommen wir wieder zur Himmelsrichtung. Als Faustregel schlage ich vor, bei Nordfenstern warmes Grau und bei Südfenstern kühles Grau zu wählen. Auch Esszimmer bieten zwei Möglichkeiten. Oft sind sie ohnehin dunkel, und wenn sie nur zum Abendessen genutzt werden, kann ihnen eine dunkle, intime Farbe gut stehen. Handelt es sich eher um einen Frühstücksraum, setzen Sie lieber auf helles Grau. Auch am Schlafzimmer scheiden sich die Geister. Hätten Sie gern eine gemütliche Höhle, um sich abends einzukuscheln? Oder möchten Sie in einem hellen Raum aufwachen, um in Schwung zu kommen? Sie haben die Wahl.

OBEN *Angeblich ist Rot die ideale Esszimmerfarbe, weil es den Appetit anregt. Tatsächlich hat aber Orange diese Wirkung. Das Esszimmer ist übrigens ideal, um einmal dunkle Farben auszuprobieren. Man hält sich dort nicht stundenlang auf, also kann man ruhig mutig sein. Denken Sie an reichlich Kerzen und schimmerndes Kristall!*

LINKS *Wenn Sie es rustikal mögen, kombinieren Sie Grau mit alten Schneidebrettern und charmantem, bunt gemixtem Geschirr vom Trödler.*

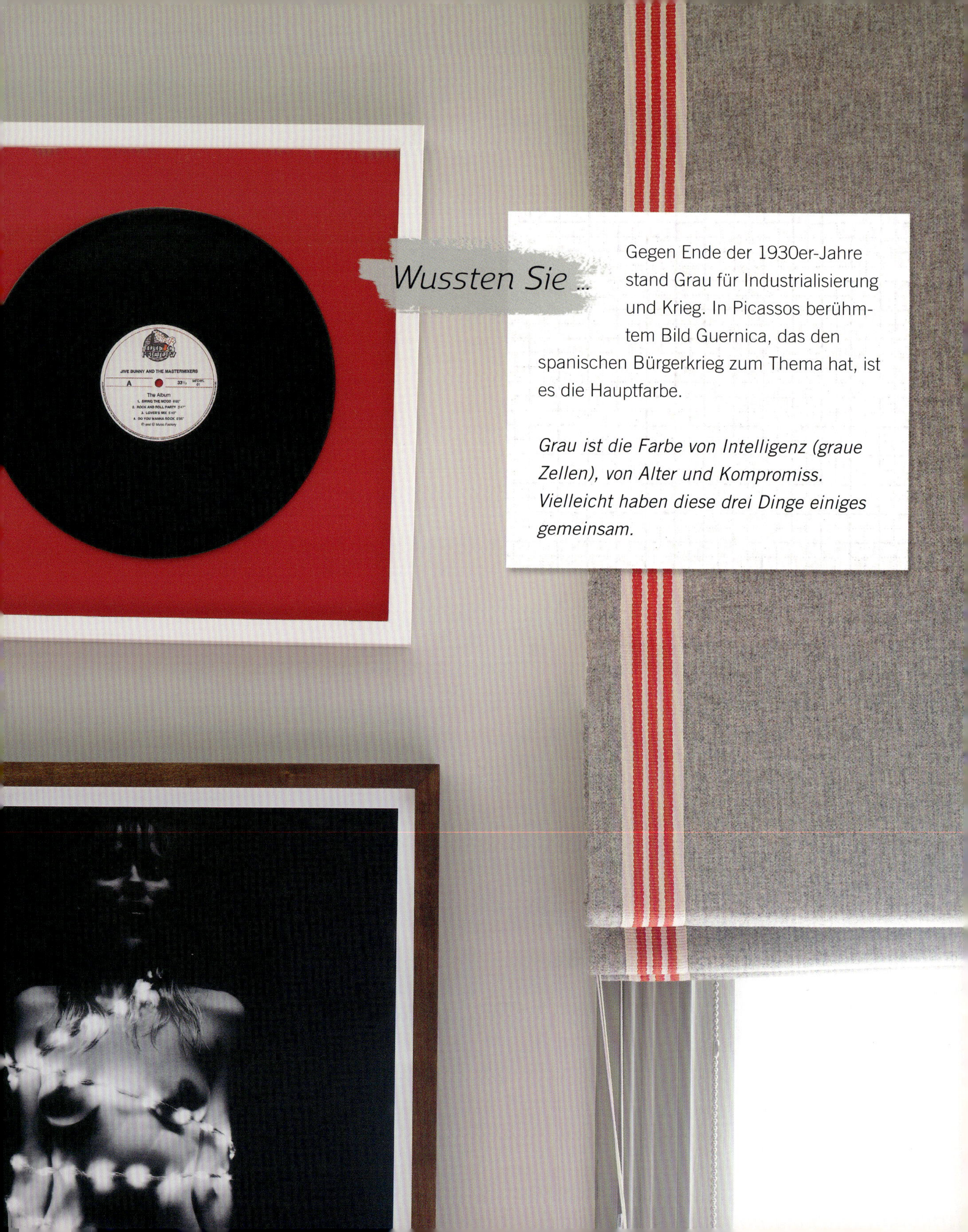

Wusssten Sie ...

Gegen Ende der 1930er-Jahre stand Grau für Industrialisierung und Krieg. In Picassos berühmtem Bild Guernica, das den spanischen Bürgerkrieg zum Thema hat, ist es die Hauptfarbe.

Grau ist die Farbe von Intelligenz (graue Zellen), von Alter und Kompromiss. Vielleicht haben diese drei Dinge einiges gemeinsam.

DIESE SEITE UND GEGENÜBER *Dieses Schlafzimmer zeigt noch einmal, wie gut sich Grau mit einer dominanten Farbe verträgt, in diesem Fall Rot. Schwarz-Weiß-Rot ist eine klassische Kombination, aber nicht sonderlich ruhig. Das ändert sich, indem man das Weiß durch ein zartes Grau ersetzt.*

DIE DUNKLE SEITE

Dunkel, mittel oder hell? Diese Frage müssen Sie sich in Bezug auf Grau stellen. Die Antwort hängt vor allem davon ab, wie mutig Sie sind.

UNTEN *Ich bin ein großer Fan von dunkelgrauen Wänden. Sie sehen bei Tageslicht und Lampenlicht gut aus und lassen selbst das schäbigste Sofa noch chic wirken.*

Ich tendiere zu dunklen Tönen, weil ich finde, dass Dinge authentisch und selbstbewusst aussehen sollten. Ein Mittelgrau kann den Eindruck vermitteln, dass Sie im letzten Moment Angst bekommen haben. Außerdem besteht Gefahr, dass ein helles Grau kalt aussieht. Ein dunkles Grau zeugt nicht nur von einer selbstbewussten Entscheidung, sondern wirkt meist auch wärmer. Entgegen der allgemeinen Meinung können dunkle Farben Wände optisch zurücktreten lassen, sodass der Raum nicht zwangsläufig kleiner wirken muss. Ein Kompromiss kann darin bestehen, eine Wand als Blickfang dunkel zu streichen. Viele Raumdesigner lehnen diese Idee aber seit einigen Jahren rundweg ab und versuchen uns zu überzeugen, alle vier einheitlich zu streichen oder zu tapezieren. Ich pfeife auf diese Ansicht. Wenn Sie eine Wand streichen wollen, tun Sie es. Schließlich ist es Ihre Wohnung.

DIESE SEITE UND GEGENÜBER OBEN RECHTS *Die Besitzer dieser Wohnung setzen voll auf Dunkelgrau. Wenn Ihnen das ein bisschen zu viel ist, können Sie mit farbigen Kissen einiges bewirken. Tauschen Sie Trockenblumen gegen frische, und stellen Sie statt der matten Vasen glänzende Vasen aus Messing oder Zinn auf.*

DIESE SEITE UND GEGENÜBER UNTEN, VON LINKS NACH RECHTS *Dunkelgrau glänzende Farbe auf Fußboden und Wand zu verchromten Schrankfronten ist eine gewagte Kombination, aber die Oberflächen reflektieren das Tageslicht, das durch die Glastür hereinfällt. Große Pflanzen, Holzkommoden und die Holzlöffel-Sammlung nehmen dem Ambiente die Härte.*

RECHTS *Durch die weiße Kaminfront und die dunkleren Nischen kommt die Form des Raums gut zum Ausdruck. Die unverputzten Ziegel bilden den gemeinsamen Nenner, der die beiden Farben verbindet.*

Wenn Sie nur eine Wand in einem Raum streichen wollen, sollten Sie meiner Meinung nach einen dunklen Grauton wählen. Das sieht spannend aus, lässt den Raum interessant wirken und bildet eine tolle Kulisse für Möbel und Bilder. Ich kann mir gut vorstellen, dass Sie später – nach einer Gewöhnungszeit – auch die anderen drei Wände dunkel streichen. Mit der ersten Wand schwimmen Sie sich frei. Sie können beobachten, wie sie auf Ihre Stimmung wirkt und wie sie sich zu verschiedenen Tages- oder Jahreszeiten verändert.

Haben Sie sich entschlossen, einen ganzen Raum dunkel zu streichen, sind aber bei der Wahl des genauen Tons unsicher? Dann experimentieren Sie zuerst in einem Raum, der seltener benutzt wird, vielleicht dem Esszimmer, dem Arbeitszimmer oder dem Gäste-WC. So können Sie sich langsam an die neue Farbe gewöhnen.

Denkbar ist auch, eine neue Farbe im Flur auszuprobieren, weil man sich dort nicht lange aufhält, sondern ihn zügig durchquert. Außerdem sind die freien Wandflächen in Fluren meist überschaubar. Wenn Ihnen die Farbe doch nicht gefällt, ist sie schnell übergestrichen.

OBEN *Der Besitzer dieser Wohnung hat eine Tür und ein Stück der angrenzenden Wand im gleichen Farbton gestrichen. So kann ein funktionales Element zum Hingucker werden.*

DIESE SEITE *Diese graue Farbe stammt wahrscheinlich von Emery et Cie, denn das Haus wurde von Maria Speake of Retrouvius eingerichtet, dem englischen Distributor dieser Farben. Ähnlich im Farbton ist Urbane Grey von Little Greene.*

252
A G
400
GRAMMES

Expertenmeinung

Abigail Ahern, die nach Aussage von Farrow & Ball beträchtlichen Einfluss auf den aktuellen Grau-Trend hatte, liebt diese Farbe so sehr, dass sie eine eigene Farbenkollektion entwickelt hat.

»Vor etwa acht Jahren habe ich eine Nische mit Down Pipe von Farrow & Ball gestrichen, da war es passiert. Ich habe mich buchstäblich in Grau verliebt. Und dann haben wir in nur drei Wochen das ganze Haus von oben bis unten grau gestrichen. Das war meine beste Einrichtungsentscheidung, und ich habe sie nie bereut. Die meisten Menschen schnappen entsetzt nach Luft, wenn man ihnen Dunkelgrau vorschlägt. Wenn Sie den Schrecken überwunden und sich getraut haben, greifen sie nach immer dunkleren Tönen. In meinem Haus gibt es jetzt eine Menge Schwarz.

Das ideale Grau findet sie natürlich in ihrer eigenen Kollektion, aber darum hat sie sie schließlich entwickelt. Es heißt Madison. »Dunkel wie der Schlamm am Grund eines Teichs, mit einem Stich Grün. Bei jedem Licht wirkt es anders. Es ist meine Lieblingsfarbe. Mit ihr habe ich das Erdgeschoss meines Hauses und mein Geschäft in Islington gestrichen.«

GEGENÜBER, IM UHRZEIGERSINN VON OBEN LINKS *Das kleine Arrangement in Grautönen sieht wie ein Stillleben aus. Der graue Korbstuhl am heimelig-rustikalen Tisch lädt zum Platznehmen ein. Dunkelgrau und Elfenbein sind ein tolles Gespann: edel, aber wärmer als Grau-Weiß.*

RECHTS *Ein gemusterter Fußboden ist in einer schwarz-weißen Küche praktisch (man sieht keine Krümel) und harmoniert gut mit der dunkelgrauen Wand.*

TOM FORD
ALAN BENNETT

»Grau hält alles zusammen. Es ist die perfekte Basis, wie die Kohlenhydrate in einer Mahlzeit. Man kann es mit Reis oder Kartoffeln vergleichen, aber als Würze gehört dazu immer eine andere Farbe.«

Laurence Llewelyn-Bowen, *Interior Designer und Fernsehmoderator*

MUT ZU GRAU

Sie kennen jetzt die Himmelsrichtung der Fenster, haben die geografische Lage Ihres Wohnorts bedacht und überlegt, welche Art von Leuchtmittel Sie verwenden. Nun brauchen Sie nur noch Typ, Marke, Farbton und Glanzgrad Ihrer Farbe auszusuchen und den Pinsel zu schwingen. Bevor Sie sich bei der Entscheidungsfindung festfahren, wagen Sie einen mutigen Test und prüfen Sie, was passiert.

SCHWIERIGE FRAGEN

Vor ein paar Jahren habe ich in einem Blog über die Wahl des richtigen Grautons geschrieben. Der Beitrag bekam eine halbe Million Klicks, und über hundert Leute stellten Fragen, die ich unmöglich beantworten konnte: »Kannst du mir einen Grauton für mein Schlafzimmer empfehlen?«

»Ich wohne in Holland und suche einen englischen Grauton« – »Alle Teppiche in meinen Haus sind grau. Jetzt wollen wir das Wohnzimmer renovieren. Wir haben eine Sitzgarnitur in Taupe, Schränke aus rötlichem Holz und Accessoires in Weiß mit Apricot und Grün. Zu den Sitzmöbeln habe ich graue Auslegeware ausgesucht, die keinen Blau- oder Grün. stich hat. Jetzt suche ich ein neutrales, helleres, sanftes, warmes Grau, das zu all diesen Farben passt. Einen Rosastich darf es nicht haben, weil ich vielleicht rosa Vorhänge kaufen möchte. Hell muss es sein, weil mein Mann auf einem ‚abgedunkelten Weiß' besteht. Die Fenster liegen nach Südosten. Für Vorschläge wäre ich extrem dankbar.«

Sie suchte also ein neutrales »Dunkelweiß«, das hell und zugleich warm ist, zu Rosa, Orange, Grün und Grau passt und sich für ein Südostzimmer eignet, in dem das Licht morgens bläulich und nachmittags golden ist. Ich habe keine Ahnung, welchen Ton sie gewählt hat. Gut möglich, dass sie noch immer auf der Suche ist.

OBEN UND LINKS
Wenn Sie befürchten, dass Grau trist oder nüchtern wirkt, kombinieren Sie es mit viel Naturholz und weichen Textilien – vielleicht Fellen – und ungewöhnlichen Details wie einem antiken, verschnörkelten Kronleuchter. Sie werden staunen. Dunkle Grautöne wirken immer warm und sehen bei Tages- und Lampenlicht gut aus.

DIESE SEITE *Einrichtungs-Experten halten nichts davon, nur eine Wand zu streichen (aber das ist Ihre Entscheidung!). In Wohnungen mit offenem Grundriss sind sie eine gute Lösung, um Bereiche abzugrenzen. Diese Wand passt hervorragend zum Fußboden, zu den schlichten Holzmöbeln und den grauen Accessoires.*

DIESE SEITE *Ich will Ihnen nicht vorschlagen, Pinsel an die Wand zu lehnen, um Ihr Dekorationstalent unter Beweis zu stellen. Das Bild zeigt aber eindrucksvoll, wie ein grauer Hintergrund die Präsenz von Dekorationen verstärkt. Vor einer weißen Wand würden die Pinsel aussehen, als hätte jemand vergessen, sie wegzuräumen.*

OBEN *Die dunkel gestrichene Giebelwand verkürzt den langen Raum optisch und gibt einen tollen Rahmen für die Fenster und die Möbel ab. Helles Holz und Metall-Lampenschirme sorgen dafür, dass der Raum nicht dunkel wirkt. Ähnliche Grautöne sind Basalt von Little Greene oder Railings von Farrow & Ball.*

RECHTS *Dunkelgraue Leinenkissen geben der Zotteldecke Charakter.*

PROBEDÖSCHEN

Natürlich wäre es ideal, zum Beurteilen von Farben die ganze Wand zu streichen. Schließlich will man sehen, wie beispielsweise unverputzte und verputzte Flächen nebeneinander wirken. Um die Optik sicher einzuschätzen, genügt es nicht, kleine Stücke Holz oder Papier zu bemalen.

Wenn Sie bei der Wahl des Farbtons wirklich unsicher sind, streichen Sie einige raumhohe Bahnen billige Tapete, die Sie mit Malerkrepp an der Wand befestigen (und später spurlos entfernen) können. Kleben Sie die Probestücke an verschiedene Wände und betrachten Sie sie zu verschiedenen Tageszeiten, um zu sehen, wie sie mit dem Licht changieren.

Wenn zwei oder drei Farben in der engeren Wahl sind, können Sie sie direkt auf die Wand pinseln – am besten in einer Ecke, weil sich dort die Farbwirkung besonders stark verändern kann. Wenn Sie sehr dunkle Töne ausprobieren wollen, die sich schlecht überstreichen lassen, bemalen Sie das Innere eines großen Kartons (notfalls eines Schuhkartons), um die Farbwirkung in Ecken einzuschätzen. Hannah Yeo, Farbmanagerin beim amerikanischen Hersteller Benjamin Moore, schlägt vor, die Farben der engeren Auswahl nebeneinander auf die Wand aufzutragen. »So erkennt man die Untertöne leichter. Das ist hilfreich beim Kombinieren mit anderen Farben.«

DIESE SEITE UND GEGENÜBER

Das Tolle an Grau ist die enorme Vielfalt der Töne, und jeder lässt einen Raum anders wirken. Das klingt banal, aber der Grauton kann bestimmen, ob ein Raum einladend, kühl, urban, rustikal, klassisch oder elegant wirkt – um nur ein paar Beispiele zu nennen. Natürlich beeinflussen auch Möbel und Accessoires den Charakter des Raums. Auf den Fotos oben links und gegenüber stellen Accessoires in Rot dem Grau etwas Warmes zur Seite und fungieren als Blickfang, sodass das Grau in den Hintergrund tritt. Auf dem Foto oben rechts würde ein Kissen in Pink, ein schwarz-weißer Teppich oder eine Grünpflanze genügen, um das kühle Ambiente zu erwärmen und lebendiger wirken zu lassen.

DIESE SEITE UND GEGENÜBER *In beiden Zimmern nimmt die Holztäfelung – einmal breit, einmal schmal – dem hellen Grau seine sachlich-kühle Wirkung. Das gestrichene Holz lässt die Räume warm und rustikal wirken. Bettwäsche in Kontrastfarben muntert das Ambiente auf, während Bettwäsche in verschiedenen Grautönen ruhig und elegant wirkt.*

Wussten Sie ...

»Grisaille« nennt man Malereien, die ausschließlich in Grautönen ausgeführt sind. In der Renaissance setzte man diese Technik oft für große Illusionsmalereien ein, die klassische Reliefs oder Skulpturen darstellten. Selbst ein teurer Maler war wesentlich billiger als ein Steinbildhauer.

DIESE SEITE *Dieses Foto zeigt eindrucksvoll, wie sich Grau durch die Reflexion benachbarter Farben verändern kann. Die Wände sind mit Hardwick White von Farrow & Ball gestrichen, der Fußboden mit Cornforth White, Treppe und Fußleisten mit Pointing. Nach Aussage des Herstellers ist Hardwick White ein traditionelles Grau, das aber bei bestimmten Lichtverhältnissen wie Beige aussehen kann.*

MATT ODER GLÄNZEND?

Beim Farbenkauf müssen Sie nicht nur den Farbton, sondern auch den Glanzgrad wählen. Momentan ist matte Dispersionsfarbe in Mode, je matter, desto besser. Die Farben reflektieren nur minimal und haben eine samtige Oberfläche, in der Unebenheiten in der Wand wenig auffallen. Allerdings nimmt sie leicht Schmutz an und lässt sich schwer reinigen. Wenn Sie einen sehr hellen Ton gekauft haben, ist ein Vorrat Baby-Feuchttücher hilfreich.

Hochglänzende oder seidenglänzende Farben sind strapazierfähiger und werden darum traditionell für Fenster, Türen und Fußleisten verwendet. Sie können aber auch auf Wänden toll aussehen. Weil sie Licht reflektieren, wirken sie wie teure, luxuriöse Lackfarben.

Seidenmatte Farben sind abwischbar und darum praktischer als stumpfmatte. Sie empfehlen sich für Flure, Familienwohnzimmer und andere Räume, die stärker strapaziert werden. Seidenmatte Farbe in Grau ist allerdings auch der Klassiker für Schulen, Krankenhäuser und Polizeireviere.

OBEN *Die Küche im Haus der Designerin Agnes Emery in Marrakesch. So schöne Architektur-Details kann nicht jeder haben, aber vielleicht besitzen Sie einen alten Einbauschrank, der mit einem grauen Anstrich – zum Beispiel Hardwick White – ein neues Gesicht bekommen könnte.*

RECHTS *Ein andersfarbig gestrichener Sockel ist praktisch – und gerade wieder in Mode.*

DIESE SEITE UND GEGENÜBER, IM UHRZEIGERSINN VON LINKS *Diese Räume zeigen, dass Grau mehr ist als die Farbe von verregneten Städten und Architektenhäusern. Eine bewährte Lösung für Zimmerfluchten besteht darin, das erste hellgrau, das zweite mittelgrau und die Wand am Ende dunkelgrau zu streichen. Trotz dunkelgrauer Wände wirkt das Bad mit den alten Bodendielen, dem Shabby-Chic-Schrank und der Musselingardine freundlich. Ein Paar schwarze Deko-Bäume als grafischer Akzent auf einem Kaminsims aus Stein. Etwas Schwarz gehört in jeden Raum. Durch den dunklen Anstrich wird die Nische zum Blickfang. Statt der üblichen Einbauregale wurde hier eine Kommode hineingestellt, über der ein Spiegel hängt. Das rosa Bild und die Zimmerpflanze stellen einen interessanten Kontrast zum dunklen Grau dar, und die klassische Statue ist ein spannender Gegenspieler zum modernen Computermonitor.*

Expertenmeinung

Daniel Hopwood, Designer, Fernsehmoderator und Präsident des BIID (British Institute of Interior Design), erinnert sich an seine ersten Experimente mit Grau. »Ich war noch Teenager, ja, ich habe früh angefangen. Creme und Champignontöne waren die Farben meiner Eltern, total uncool, also wollte ich etwas Neues versuchen. Damals mochte ich Primärfarben, für die ich einen neutralen Hintergrund suchte. Also beschloss ich, passend zum jugendlich-trendigen Trübsinn, es einmal mit Grau zu versuchen. Das Ergebnis war grauenhaft. Mein Zimmer wirkte wie ein trister Behördenflur, was ich aber nicht zugeben wollte. Damals habe ich gelernt, dass man im meist bewölkten England genau überlegen muss, welchen Grauton man wählt. Heute vermeide ich solche Fehler und bevorzuge wärmere Grautöne. Der Farbstich darf nur schwach sein, damit das Grau andere Farben unterstützt, statt mit ihnen zu konkurrieren. Mir gefallen dunkle Grautöne. Helle wirken oft etwas halbherzig und unentschlossen.

Lotto

WAS PASST ZU GRAU?

Die Frage lässt sich leicht beantworten. Solange sich die Untertöne vertragen, lässt sich Grau mit allen Farben kombinieren – von Neon über Pastelltöne bis zu Primärfarben.

Hellgraue Wände lassen sich unterschiedlich gestalten. Manche Farbhersteller empfehlen, Fensterrahmen und Fußleisten in Weiß zu streichen. Möglich ist aber auch, die Holzelemente in der gleichen Farbe zu streichen wie die Wände. Dadurch wirken Räume größer. Eine Decke in der Farbe der Wände erscheint höher. Accessoires in kräftigen Farben fallen vor sanftem Grau ins Auge, während gedämpfte Pastelltöne dem Raum eine ruhigere Atmosphäre geben. Anthrazit passt zu Neonorange, Puderrosa und selbst dunklem Schokoladenbraun. Metalle – Kupfer, Messing oder Zinn – haben ebenso eine Affinität zu dunklem Grau wie ausdrucksvolle Muster. Wenn Sie den entspannten skandinavischen Stil mögen, könnten Sie Dunkelgrau mit verschiedenen Nuancen von Cremeweiß, Schwarz und Hellgrau kombinieren. »Grau ist die ideale Basis,« sagt Laurence Llewelyn-Bowen, dessen meistverkauftes Grau ein Schieferton mit dem Namen Clooney ist (ja, nach George benannt). »Es harmoniert mit Flamingorosa oder Gelb, Pistaziengrün oder Lavendel. Sie können die Farben der Accessoires ändern, so oft Sie wollen, und das Grau kann trotzdem bleiben.«

OBEN *Wenn Sie Lust auf ein mutiges Design-Statement haben, versuchen Sie es mit Querstreifen. In langen, schmalen Räumen wirken sie Wunder.*

GEGENÜBER UND RECHTS *Grau ist eine enorm vielseitige Farbe. Man kann, wie die Dänen, verschiedene Grautöne mit Schwarz und Weiß kombinieren und dazu gezielt einige sanfte Akzentfarben wählen. Ebenso ist möglich, vor dem Hintergrund grauer Wände einen lebhaften Mix von Farben zusammenzustellen. Ob Sie sich für geometrische Muster oder Blumen entscheiden – Grau empfängt alle mit offenen Armen.*

“Grau ist die Farbe der Wahrheit.”

André Gide

SIND TEURE FARBEN WIRKLICH IHR GELD WERT?

OBEN *Verschiedene Grautöne setzen die Architektur dieses Apartments in Mailand gut in Szene. Die schwarze Lampe bildet den Gegenpol zum Weiß von Sofa und Kissen und führt den Blick zum Kaminsims mit den Vasen und Pflanzen.*

Warum wirken manche Grautöne edel und opulent, während andere das Wohnzimmer wie ein Büro aussehen lassen? Der Unterschied erklärt sich oft durch den Pigmentgehalt der jeweiligen Farben.

Samt fühlt sich luxuriöser an als Baumwollgewebe, und eine Farbe mit einem großen Anteil hochwertiger Pigmente sieht auf der Wand besser aus. Designer meinen, dass gerade bei Grau die Qualität in direktem Zusammenhang mit dem Preis steht. Die Stylistin Emily Henderson erklärt, dass Farben mit einem hohen Pigmentgehalt an der Wand nicht einfarbig aussehen, sondern »Bewegung« haben.

»Das klingt nach hochgestochenem Designer-Talk,« sagt Emily. »Aber je mehr Pigment die Farbe enthält, desto besser ist ihre unterschwellige Textur. Man sieht die Nuancen nicht, wenn man die Farbe anstarrt. Aber man bemerkt, dass sie morgens anders aussieht als abends, und dass sie von den Farben ihrer Umgebung beeinflusst wird.

DIESE SEITE *Mit blaugrauen Wänden und [illegible] diese nach Nordwesten gelegene Küche hell, ruhig und durchdacht aus. Probieren Sie Monument Grey von Dulux oder Scree von Little Greene.*

Die Designerin Abigail Ahern findet einfarbiges Grau deprimierend und rät dazu, eine Farbe mit Naturpigmenten zu wählen, weil sie komplexere Untertöne hat. »Ich schwärme wirklich für diese Pigmente, weil sie der Farbe so schöne Nuancen geben. Dadurch wirkt sie viel lebendiger und interessanter.«

David Mottershead, Chemiker und Geschäftsführer von Little Greene, bestätigt, dass der Pigmentgehalt für die Farbtiefe verantwortlich ist. »Grau wird oft als Nicht-Farbe betrachtet. Tatsächlich enthält es aber viele Pigmente. Beispielsweise entscheidet das Mengenverhältnis von Oxidrot zu Kupferacetat, welche Farben zu dem Grau passen. Das erklärt, warum eine Farbe im Topf überzeugend wirken kann und im Wohnzimmer neben dem lila Sofa trotzdem scheußlich aussieht.

LINKS *Die Besitzer dieser Wohnung haben die Wände mit French Gray von Farrow & Ball gestrichen. Dem offensichtlichen Grünstich tragen sie durch die Möbel und Accessoires in Gelb und Grün Rechnung. Rosa oder Orange würden den Ton der Wandfarbe leicht verfremden.*

GEGENÜBER *Antike Möbel und Parkett passen gut zu Grau. Die dreiarmige Wandleuchte und der Kronleuchter setzen moderne Akzente. Plummet entspricht etwa dem abgebildeten Ton.*

OBEN *Eine Altbau-Täfelung wirkt mit einem grauen Anstrich erstaunlich zeitgemäß. Dazu passen interessante moderne Möbel.*

Die Mischung der zahlreichen Pigmente bestimmt, ob ein Grau warm oder kühl wirkt. Die Farbkarte von Little Greene beginnt links mit den kühlen Tönen und endet mit den wärmeren, die einen höheren Anteil Ocker enthalten. Urbane Grey enthält viel Kupferacetat und harmoniert darum gut mit Blautönen. Dolphin dagegen enthält mehr Oxidrot und verträgt sich am besten mit Rosatönen.
Pigmente – vor allem rote, blaue und violette– sind teuer. Das ist der Grund dafür, dass sich billige Farben selten mit teuren messen können. Bei billigen Farben kann die Pigmentzusammensetzung schwanken, und gerade für Grautöne braucht man ein akkurates Rezept. RAL-Farben lassen sich dagegen problemlos nachmischen, weil das Rezept fest steht.

UNTEN *Ein Stapel Gläser mit Farbe in verschiedenen Grautönen ist eine originelle Dekoration auf dem grauen Schrank.*

DIESE SEITE UND GEGENÜBER, IM UHRZEIGERSINN VON RECHTS
Edel: Treppe und Türrahmen in zwei aufeinander abgestimmten Grautönen. Die Sammlung von grauen Leuchtern wirkt vor der grauen Wand wie ein Stillleben. In der Küche mit Fronten aus gebürstetem Aluminium und blau-weißen Fliesen bildet die graue Wandfarbe den Hintergrund für schönes Geschirr. Grau muss nicht aus dem Farbtopf kommen: Dieses Bad ist mit interessanten Natursteinplatten gefliest.

In vielen Farbengeschäften und Baumärkten kann man sich die »Wunschfarbe« mischen lassen. Aber wenn man später etwas nachkauft, um kleine Schäden auszubessern, besteht Gefahr, dass die neue Farbe der alten nicht exakt entspricht, sodass man doch die ganze Wand streichen muss. Überlegen Sie lieber realistisch, wie viel sie ausgeben wollen, und suchen Sie eine entsprechende Farbe. Es wäre doch schade, wenn Sie später einen blassen Abklatsch von dem bekommen, was Sie sich vorgestellt hatten.

Kurz gesagt empfehle ich, immer die beste Qualität zu kaufen, die Sie sich leisten können. Wenn aber die Kosten der Farbe zu Lasten eines schönen oder bequemen Sofas gehen, müssen Sie entscheiden, was Ihnen wichtiger ist. Bedenken Sie nur, dass Wände, Fußboden und Beleuchtung die Grundlagen der Raumgestaltung darstellen. Wenn sie stimmen, gewinnt der Rest. Ein preiswertes Sofa kann vor einer grauen Wand und mit guter Beleuchtung ebenso atemberaubend aussehen wie ein Top-Model in einem Kleid aus dem Kaufhaus.

DIESE SEITE *Eine so schöne Kaminfront muss man einfach betonen. Das dunkle Blaugrau hebt sich wunderbar von den hellen Wänden ab. Ähnliche Wandfarben sind Pearl Grey von Dulux oder Comfort White von Farrow & Ball.*

Wussten Sie …

Es gibt zahlreiche Legenden, in denen graue Katzen und graue Wölfe eine Rolle spielen – oder gespenstische graue Ladies.

Die ehrwürdige New York Times (gegründet 1851) wird manchmal als »The Gray Lady« bezeichnet.

DIESE SEITE *Ein gutes Beispiel dafür, wie bunte [illegible] können. Die Patchwork-decke in Blau und Pink lässt die grauen Wände samtweich wirken. Ähnliche Töne sind Concrete Grey von Dulux oder Urbane von Little Greene.*

ÖKO ODER NICHT?

Ein paar Pigmente und Wasser ... können Farben so schlimm sein? Erinnern wir uns an die Zeiten der Farben auf Ölbasis, in denen der anhaltende Geruch tagelang durch die Wohnung waberte. Verantwortlich dafür waren verschiedene Lösungsmittel, die unter anderem die Trocknung beschleunigten. Lösemittelhaltige Farben dünsten diese flüchtigen organischen Verbindungen, darunter krebserregendes Formaldehyd, bis zu fünf Jahre nach der Trocknung aus.

GEGENÜBER *Dass dieser Raum trotz der konsequenten Farbgebung nicht nüchtern wirkt, ist dem Zebraläufer und dem Kronleuchter zu verdanken.*
RECHTS *Weil man sich im Esszimmer selten stundenlang aufhält, ist es der ideale Raum für mutigere Experimente mit Farbe.*

Seit einigen Jahren ist der Einsatz von flüchtigen organischen Verbindungen in Farben gesetzlich beschränkt. Da die Farbhersteller ihre Produkte aber nicht deklarieren müssen, wissen wir nicht genau, was wir kaufen. Allerdings nimmt die Zahl der Farben ohne diese VOCs zu. Farrow & Ball bietet Farben mit einem niedrigen Gehalt an, bei Benjamin Moore gibt es Farbserien ganz ohne diese Stoffe, und auch andere Hersteller haben die Zeichen der Zeit erkannt. Edward Bulmer vertritt die Ansicht, dass alle Hersteller die Inhaltsstoffe auf der Verpackung angeben sollten »damit der Kunde weiß, was er kauft. Wir bemühen uns um maximale Transparenz.«

Das betrifft aber nur die Farben, die wir heute kaufen. Was ist mit den Resten? In England werden jährlich etwa 300 Millionen Liter Farbe verkauft, und Schätzungen zufolge werden 50 Millionen davon unbenutzt weggeworfen. In Amerika sieht es nicht ganz so düster aus. Das dortige Umweltministerium schätzte im Jahr 2007, dass von den verkauften etwa 313 Millionen Litern etwa 10 Prozent ungenutzt entsorgt wurden.

2002 beschloss der Chemiker Keith Harrison, sich dieses Themas anzunehmen – vielleicht auch, weil seine Frau ihn drängte, endlich die Garage aufzuräumen. Er ging auf die Suche nach einer Entsorgungsstelle – und fand keine. im Lauf der nächsten zwei Jahre entwickelte er ein Recyclingverfahren, mit dem sich aus Farbresten hochwertige Dispersionsfarben herstellen lassen. 2008 gründete er die Firma Newlife Paints, die eine eigene Farbenkollektion anbietet und in Zusammenarbeit mit Mini Moderns umweltfreundliche Farben vertreibt, darunter die drei Grautöne Concrete, Slate und Weathered Cedar.

OBEN UND LINKS *In diesem Haus an der dänischen Küste haben die Besitzer ein helles Grau gewählt, das bei Sonnenschein fast wie Weiß aussieht. Regale (oben) und Bettwäsche in Dunkelgrau geben den Räumen Charakter. Rock Salt von Dulux ähnelt diesem Grau.*

DIESE SEITE *Diese Aufnahme aus dem selben Haus zeigt, wie viel Behaglichkeit Naturfaserstoffe, Rattan und Naturholz vermitteln können. Ohne diese Materialien könnte das blasse Grau kühl wirken.*

DIESE SEITE *Die Holzwand in diesem Haus an der Küste von Long Island wirkt durch den Anstrich in hellem Grau wie verwittertes Treibholz. Solche interessanten Effekte gelingen selten ohne ausgiebige Experimente. Versuchen Sie es mit Inox von Little Greene.*

Eigentlich liegt es nahe, Farben zu recyceln, und man fragt sich, warum erst so spät jemand auf die Idee kam. So einfach ist das nicht. Farben bestehen aus 10 bis 20 verschiedenen chemischen Stoffen, und um sie zu recyceln, braucht man fundierte Chemiekenntnisse. Keith erklärt: »Wir haben ein Patent für unser Verfahren und können anderen Unternehmen in Schulungen vermitteln, wie man aus Altfarben ein Produkt mit gleichbleibend hoher Qualität herstellt. Die Umweltgesetzgebung ist aber komplex, eben-

RECHTS *Alte braune Möbel sehen mit einem frischen Anstrich wie neu aus.*

UNTEN LINKS UND RECHTS *Andersfarbig gestrichene Sockel liegen zurzeit im Trend. Üblich sind sie an Wänden mit Scheuerleiste, aber ohne eine solche Leiste sehen sie moderner aus. Die rosa Bettwäsche setzt neben dem Betongrau einen warmen Akzent. Das Graubeige im Bad (vergleichbar mit Elephant's Breath von Farrow & Ball) harmoniert mit den Farben der Bodenfliesen und der Badewanne.*

so wie die Produktionsvorschriften. Wer Farbe recyceln will, muss sich mit beiden auskennen.« Keith erzählt, dass seine allererste Farbe ein Grau war, das bis heute an seinen Badezimmerwänden zu sehen ist. »Wir haben wahrscheinlich 10 bis 15 verschiedene Grautöne produziert. Jetzt erfüllen wir auch individuelle Farbwünsche. Für einen Kollegen habe ich eine rutschfeste dunkelgraue Farbe für den Außenbereich entwickelt. In unserer Anfangszeit war Grau nicht beliebt, graue Farbreste waren kaum zu bekommen. Vor einigen Jahren – bevor ein gewisses Buch erschien – kam es in Mode, und der Trend hält sich bis heute.«

GEGENÜBER *Das blaue Sofa wirkt zusammen mit der grauen Wand ausgesprochen edel. Ein großer cremefarbener Teppich bringt etwas Licht in die Mischung.*

OBEN, RECHTS UND RECHTS AUSSEN *Dies sind Fotos aus einem Apartment in einem alten Haus in Frankreich. Die Besitzer haben nicht versucht, die kleinen Räume durch weiße Wände größer wirken zu lassen, sondern sich für dunkle Töne und gemütliches Naturholz entschieden. Die Wandfarbe ähnelt Mid Lead von Little Greene. Wenn der Raum einen anderen Charakter bekommen soll, genügt es, die Kissen und Läufer auszutauschen.*

Expertenmeinung

Jane Rockett, Mitgründerin des trendigen Interior-Onlineshops Rockett St George liebt graue Farbe. Rockett St George war der erste Onlineshop, der alle Produkte – gegen jeden guten Rat – auf schwarzem Hintergrund fotografiert hat.

»Grau ist der ideale Partner für all die Schätze, die man in der Wohnung hat, weil sich vor diesem Hintergrund alles großartig abhebt,« sagt Jane. »Lange war mein Favorit Night Jewels von Dulux, aber nun habe ich mich in Mole von Abigail Ahern verliebt. Es ist weniger bläulich und wirkt herrlich warm.«

GEGENÜBER UND DIESE SEITE
Wände und Sofa auf dem großen Foto gegenüber haben fast denselben Farbton. Accessoires in Pink, Blau und Weiß bringen Heiterkeit in den Raum. Das Bild (oben) würde vor einer weißen Wand nicht halb so interessant wirken. Keine Angst vor dunklem Grau! Alles, was in diesem Regal steht, wirkt wie ein kleines Kunstwerk. Der Holzboden mit dem schwarz-weiß gemusterten Teppich im angrenzenden Raum setzt der dunklen Farbe (ähnlich wie Railings von Farrow & Ball) etwas Leichtigkeit entgegen.

MALEN NACH ZAHLEN

- Von den 132 Farben auf der Farbkarte von Farrow & Ball kann man mindestens 20% als Grau bezeichnen. Eine Zunahme von 10% in den letzten sieben Jahren.

- Bei Dulux ist der Verkauf von grauer Farbe seit 2012 um 4,1% gestiegen.

- Benjamin Moore hat nach Angaben der Farbmanagerin Hannah Yeo 360 Grautöne im Sortiment.

- Die Grau-Kollektion von Little Greene umfasst 28 Farbtöne von Loft White bis Chimney Brick.

- Gibt man »graue Farbe« bei Google ein, bekommt man 6,7 Millionen Treffer in 0,55 Sekunden.

- Es ist umstritten, wie viele Grautöne das menschliche Auge unterscheiden kann. Man ging lange von 500 Tönen aus, aber eine neue Studie der University of Cincinnati legt nahe, dass es eher 30 sind.

DIESE SEITE UND GEGENÜBER *In diesen Räumen sind die Wände nicht gestrichen, sondern grau verputzt. Dadurch wirken sie warm, rustikal und modern.*

„Für einen Maler ist Grau die reichste Farbe. Sie gibt allen anderen eine Stimme."

Paul Klee

REGISTER

Kursiv gedruckte Seitenzahlen beziehen sich auf Abbildungen.

BILDNACHWEIS

Legende: F = Foto; o = oben; u = unten; r = rechts; l = links; M = Mitte n

1 Bruno et Michèle Viard, location-en-luberon.com, F Polly Wreford **2** Haus von Birgitte und Henrik Moller Kastrup in Dänemark, F Rachel Whiting **3l** Haus der Designerin Agnès Emery von Emery & Cie in de Medina von Marrakesch, F Katya de Grunwald 3M & 3r Haus der Designerin Petra Boase in Norfolk, F Debi Treloar **4** Foto und Styling Hans Blomquist **5** Haus der Journalistin und Bloggerin Jill Macnair in London, F Rachel Whiting **6** Robert Young, Robert Young Architecture und Interiors www.ryarch.com, F Earl Carter **7** F Paul Massey 8o Haus der Stylistin Karen Harrison in East Sussex. Verfügbar als Fotolocation, Kontakt Emma Davies on 07734 617639. F Jan Baldwin **8u** Haus der Stylistin Twig Hutchinson in London, F Polly Wreford **9** Haus von Chris van Eldik und Wendy Jansen von J.O.B. Interieurs, F Lisa Cohen **10** Haus der Designerin Agnès Emery von Emery & Cie in de Medina von Marrakech, F Katya de Grunwald **11ol** Haus von Jonathan Sela und Megan Schoenbachler, F Catherine Gratwicke **11r** Haus der Familie von Rebecca Proctor in Cornwall www.futurusticblog.com, F Rachel Whiting **11u** F Simon Brown **12–13** Robert Young, Robert Young Architecture & Interiors www.ryarch.com, F Earl Carter **14–15** Haus von Birgitte und Henrik Moller Kastrup in Dänemark, F Rachel Whiting **16** Haus von Maria und Frank in Süddeutschland, Interior Design von Barbara G, F Jan Baldwin **17l** Haus des Fotografen und Designers Paul Massey (paulmassey.me) **17r** Judith Kramer, Besitzerin des Webshops Juudt.com, F Polly Wreford **18o** www.les-sardines.com, F Claire Richardson **18u** Haus von Karina, Victor und George Bjerregaard Chen in Dänemark, F Jan Baldwin **19** Chateau de Christin, Chambres d'Hotes de Luxe, Reception – Seminaires, F Claire Richardson **20** Familienhaus in Westlondon von Webb Architects und Cave Interiors, F Polly Wreford **21** Bruno et Michèle Viard, location-en-luberon.com, F Polly Wreford **22o** La Maison Pujol B&B bei Carcassonne, Frankreich, Inhaber Aurélie und René Mosser, www.lamaisonpujol.net, F Debi Treloar **22ul** Haus der Künstlerin, Antiquitätenhändlerin und Interior Designerin Monique Meij-Beekman in den Niederlanden, F Debi Treloar **22ur** Haus von Chris van Eldik und Wendy Jansen von J.O.B. Interieurs, F Lisa Cohen **23** Pariser Wohnung von Audrey Chabert, Design Sylvie Cahen, F Rachel Whiting **24** Haus der Designerin Marijke van Nunen, F Lisa Cohen **25** Haus des Antiquitätenhändlers und Interior Designers Oliver Gustav in Kopenhagen, F Debi Treloar **26** Place Farmhouse, verfügbar als Fotolocation, Kontakt über www.beachstudios.co.uk, F Polly Wreford **27** Swan House B&B in Hastings, Tapete von Melissa White (www.fairlyte.co.uk), F Claire Richardson **28–29** www.stylexclusief.nl, F Catherine Gratwicke **30** Haus in Lewes von Justin und Heidi Francis, Inhaberin von Flint www.flintcollection.com, F Polly Wreford **31** Elizabeth Machins Cottage in Norfolk, F Jan Baldwin **32** London Haus von Steven und Jane Collins, Inhaber der Boutique Sixty 6, F Andrew Wood **33ol** Haus von Eifion und Amanda Griffiths von Melin Tregwynt in Wales, F Claire Richardson **33or** Haus der Designer Piet und Karin Boon bei Amsterdam, www.pietboon.nl, F Lisa Cohen 33ul Familienhaus der Designerin Petra Boase in Norfolk, F Debi Treloar 33ur www.beachstudios.co.uk, F Polly Wreford **34–37o** Londoner Haus von James Soane und Christopher Ash von Project Orange, F Jan Baldwin **37ul** Haus von Tim Rundle und Glynn Jones, F Debi Treloar **37ur** Haus von Ashlyn Gibson, Gründerin des Kinder-Concept-Store Olive Loves Alfie, Stylistin und Autorin, F Rachel Whiting **38l** F Hans Blomquist **38r** Haus der Filmregisseurin Christina Höglund in Österlen, Schweden, F Debi Treloar **39** Haus von Rose Hammick und Andrew Treverton (www.marmoraroad.co.uk) F Polly Wreford **40o** und **41** New Cross, verfügbar als Fotolocation, Kontakt www.beachstudios.co.uk, F Polly Wreford **40or** und **40u** Varden Street, zu vermieten, Kontakt www.lightlocations.co.uk, F Polly Wreford **42** Haus von Rose Hammick und Andrew Treverton (www.marmoraroad.co.uk), F Polly Wreford **43** F James Merrell **44–45** Londoner Haus von Conrad Roeber und David Townsend vom Interior Design Unternehmen Schubart Masters, F Jan Baldwin **46** Les Trois Salons, Uzes, Gründer und Inhaber Charmaine und Paul Jack, F Claire Richardson **47o** Pariser Haus des Architekten Joseph Dirand, F Pia Ulin **47u** Haus von Marzio Cavanna in Mailand, F Pia Ulin **48o**, **48ul** und **49** Judith Kramer, Inhaberin des Webshops Juudt.com, F Polly Wreford 48ur Pariser Haus der Interior Designerin Sarah Lavoine, F Polly Wreford **50l** Londoner Haus von James Soane und Christopher Ash von Project Orange, F Jan Baldwin **50r** Haus von Marzio Cavanna in Mailand, F Pia Ulin **51** Haus der Stylistin Ingeborg Wolf, F Pia Ulin **52ol** Bruno et Michèle Viard, location-en-luberon.com, F Polly Wreford 52or Haus von Alison Hill und John Taylor in Greenwich, F Jan Baldwin **52ul** Haus der Designerin Agnès Emery von Emery & Cie in Marrakesch, F Katya de Grunwald **52ur** Haus von Jocie Sinauer, Inhaberin von Red Chair in der Warren St in Hudson, New York, F Anna Williams **53** www.chambresenville.be in Brüssel, F Anna Williams **54–55** Haus der Stylistin Ingeborg Wolf, F Pia Ulin **56** Haus der Künstlerin, Interior Designerin und Antiquitätenhändlerin Monique Meij-Beekman in den Niederlanden, F Debi Treloar **57** Judith Kramer, Inhaberin des Webshops Juudt.com, F Polly Wreford **58–59** Haus der Modedesignerin Virginie Denny und des Künstlers Alfonso Vallès, F Debi Treloar **60–61** L'Atelier d'Archi – Isabelle Juy – www.latelierdarchi.fr, F Polly Wreford **62l**

www.janconstantine.com, F Paul Massey **62r–63** Long Farm, Haus der Architektin Lucy Marston in Suffolk, F Polly Wreford **64ol** Haus der Raumdesignerin Caroline Van Thillo in Belgien, F Polly Wreford **64or** Haus des Antiquitätenhändlers und Interior Designers Oliver Gustav in Kopenhagen, F Debi Treloar 64ul Haus der Family Voors in den Niederlanden Design Karin Draaijer, F Polly Wreford 64ur Haus der Familie von Sacha Paisley In Sussex, Design Arior Design, F Polly Wreford **65** The Linen Shed, Boutique B&B bei Whitstable, Kent, GB(www.linenshed.com), F Catherine Gratwicke **66** Haus von Chris van Eldik und Wendy Jansen von J.O.B. Interieurs, F Lisa Cohen **67l** Haus des Antiquitätenhändlers und Interior Designers Oliver Gustav in Kopenhagen, F Debi Treloar **67r** Familienhaus in West-London von Webb Architects und Cave Interiors, F Polly Wreford 68o Haus von Hanne Borge und ihrer Familie in Norwegen, F Catherine Gratwicke **68ul** Haus des Antiquitätenhändlers und Interior Designers Oliver Gustav in Kopenhagen, F Debi Treloar **68ur** Haus von Chris van Eldik und Wendy Jansen von J.O.B. Interieurs, F Lisa Cohen **69** Pariser Wohnung von Philippe Model, F Chris Everard **70** L'Atelier d'Archi – Isabelle Juy – www.latelierdarchi.fr, F Polly Wreford **71** Judith Kramer, Inhaberin des Webshops Juudt.com, F Polly Wreford **72–73** 'La Maison du College Royal', F Jan Baldwin **74–75** Londoner Haus der Designerin Helen Ellery, F Jan Baldwin **76–77** Londoner Haus von Conrad Roeber und David Townsend vom Interior Design Unternehmen Schubart Masters, F Jan Baldwin **78** www.sophieconran.com, F Jan Baldwin **79** Chris Dyson Architects, F Jan Baldwin **80** Haus von Marzio Cavanna in Mailand, F Pia Ulin 81 La Villa des Ombelles, Haus der Familie von Jean-Marc Dimanche, Vorsitzender der Agentur V.I.T.R.I.O.L. (www.vitriolfactory.com), F Debi Treloar **82–83o** Haus der Family Voors in den Niederlanden Design Karin Draaijer, F Polly Wreford **83ul** Judith Kramer, Inhaberin des Webshops Juudt.com, F Polly Wreford 83ur Haus von Hanne Borge und ihrer Familie in Norwegen, F Catherine Gratwicke **84ol** Design McLean Quinlan Architects, F Christopher Drake 84or Pariser Haus der Interior Designerin Sarah Lavoine, F Polly Wreford **84ul** Haus Marzio Cavanna in Mailand, F Pia Ulin **84ur** Haus der Stylistin Karen Harrison in East Sussex (Verfügbar als Fotolocation, Kontakt Emma Davies on 07734 617639), F Jan Baldwin **85** Haus von Hanne Borge in Norwegen, F Catherine Gratwicke **86–87** Hous von Alison Hill und John Taylor in Greenwich, F Jan Baldwin **88–89** Haus und Atelier von Julian Stair in London, aus dem Buch Simple Home von Mark und Sally Bailey (www.baileyshome.com), F Debi Treloar **90l** Haus von Tim Rundle und Glynn Jones, F Debi Treloar **90r–91** Les Trois Salons, Uzes – Gründer und Inhaber Charmaine und Paul Jack, F Claire Richardson **92** F Polly Wreford 93ol Haus der Interior Designerin Eva Gnaedinger in der Schweiz, F Jan Baldwin **93or** Haus der Stylistin Anja Koops und des Kochs Alain Parry in Amsterdam, F Polly Wreford **93u** Haus von Abigail Ahern in London (www.atelierabigailahern.com), F Lisa Cohen **94** Londoner Haus von Conrad Roeber und David Townsend vom Interior Design Unternehmen Schubart Masters, F Jan Baldwin **95** Haus Hanne Borge und ihrer Familie in Norwegen, F Catherine Gratwicke **96** Haus der Familie von Alison Smith in Brighton, F Polly Wreford **97l** F Debi Treloar **97r** Haus der Familie von Johan Gjendem und Vibeke Rognan in Oslo, Design Architekt Knut Hjeltnes, F Catherine Gratwicke **98–99** 'La Maison du College Royal', F Jan Baldwin **100l** Londoner Haus von Steven und Jane Collins, Inhaber der Boutique Sixty 6, F Andrew Wood **100r–101** New Cross, verfügbar als Fotolocation, Kontakt www.beachstudios.co.uk, F Polly Wreford **102** Varden Street , zu vermieten, Kontakt www.lightlocations.co.uk, F Polly Wreford **103** Jo Berrymans Haus in London, F Jan Baldwin **104** Haus von Eifion und Amanda Griffiths von Melin Tregwynt in Wales, F Claire Richardson **105ol** Haus von George Lamb in London, Design Maria Speake von Retrouvius, F Debi Treloar **105or** Madeleine Rogers von Mibo, F Debi Treloar 105ul www.stylexclusief.nl, F Catherine Gratwicke 105ur Haus der Designerin Laure Vial du Chatenetof Maison Caumont Paris, F Jan Baldwin **106o** Haus von James Russell und Hannah Plumb, den Künstlerin hinter JAMESPLUMB (www.jamesplumb.co.uk), F Debi Treloar **106u** Haus der Designerin Marijke van Nunen, F Lisa Cohen **107** Haus von Victoria und Stephen Fordham, Design Sarah Delaney, in London, F Polly Wreford **108** Haus von Sophie Lambert, Inhaberin von Au Temps des Cerises in Frankreich, F Jan Baldwin **109** Swan House B&B in Hastings, Tapete von Melissa White (www.fairlyte.co.uk), F Claire Richardson **110–111o** Haus von Karina, Victor und George Bjerregaard Chen in Dänemark, F Jan Baldwin **111u** Londoner Haus von Conrad Roeber und David Townsend vom Interior design Unternehmen Schubart Masters, F Jan Baldwin **112** Haus von Karina, Victor und George Bjerregaard Chen in Dänemark, F Jan Baldwin **113** Haus von Marzio Cavanna in Mailand, F Pia Ulin **114** L'Atelier d'Archi – Isabelle Juy – www.latelierdarchi.fr, F Polly Wreford **115o** Haus der Künstlerin Binny Mathews und des Architekten Stuart Martin in Dorset, F Jan Baldwin 115ul Haus von Hanne Borge und ihrer Familie in Norwegen, F Catherine Gratwicke **115ur** Kopenhagen Haus von June und David in Kopenhagen, F Polly Wreford **116–117** Haus der Raumausstatterin Bunny Turner von www.turnerpocock.co.uk, F Polly Wreford **118l** Cathie

Curran Architects, F Polly Wreford **118r–119** Haus der Künstlerin, Interior Designerin und Antiquitätenhändlerin Monique Meij-Beekman in den Niederlanden, F Debi Treloar **120** und **121u** La Villa des Ombelles, Haus der Familie von JeanMarc Dimanche Chairman von V.I.T.R.I.O.L. Agentur www.vitriol-factory.com, F Debi Treloar **121o** Haus von Catherine Vindevogel-Debal, Inhaberin von Tessuti, in Kortrijk, Belgien, Küchendesign Filip Van Bever, F Jan Baldwin **122l** www.aureliemathigot.com, F Debi Treloar **122r–123** F Debi Treloar **124ol** und ul Haus der Künstlerin, Interior Designerin und Antiquitätenhändlerin Monique Meij-Beekman in den Niederlanden, F Debi Treloar **124or** Judith Kramer, Inhaberin des Webshops Juudt.com, F Polly Wreford **124ur** www.chambresenville.be in Brüssel, F Anna Williams **125** Haus der Raumdesignerin Caroline Van Thillo in Belgien, F Polly Wreford **126–127** Londoner Haus von Graham Noakes von Osborne & Little, F Claire Richardson **128** An Apartment in Lyon, Frankreich, Design Stéphane Garotin und Pierre Emmanuel Martin von Maison Hand, F Rachel Whiting **129** Wynchelse, Design Dave Coote und Atlanta Bartlett, Ferienvermietung und Fotolocation, Kontakt www.beachstudios.co.uk, F Polly Wreford **130o** www.stylexclusief.nl, F Catherine Gratwicke **130u** Haus der Familie von Johan Gjendem und Vibeke Rognan in Oslo, Design Architekt Knut Hjeltnes, F Catherine Gratwicke **131** Haus der Familie von Gina Portman von Folk at Home www.folkathome.com, F Catherine Gratwicke **132** Haus der Künstlerin, Interior Designerin und Antiquitätenhändlerin Monique Meij-Beekman in den Niederlanden, F Debi Treloar **133** Haus von Hanne Borge und ihrer Familie in Norwegen, F Catherine Gratwicke **134l** Haus der Familie von Sacha Paisley in Sussex, Design Arior Design, F Polly Wreford **134r** Haus des Antiquitätenhändlers und Interior Designers Oliver Gustav in Kopenhagen, F Debi Treloar **135** Haus von Karina, Victor und George Bjerregaard Chen in Dänemark, F Jan Baldwin **136** Bruno et Michèle Viard, location-en-luberon.com, F Polly Wreford **137** Haus der Bartons in West Sussex, www.thedodo.co.uk, F Paul Massey **138** Londoner Haus der Interior Designerin Jo Berryman (joberryman.com), F Jan Baldwin **139o** Haus der Designerin Agnès Emery von Emery & Cie in Marrakech, F Katya de Grunwald **139u** F Debi Treloar **140** Wendy Jansen und Chris Van Eldik, Inhaber von J.O.B. Interieur's House in Wijk bij Duurstede, Niederlande, F Jan Baldwin **141ol** Haus der Familie von der Stylistin Anja Koops und Koch Alain Parry in Amsterdam, F Polly Wreford **141or** Haus von Hanne Borge und ihrer Familie in Norwegen, F Catherine Gratwicke **141ul** Haus des Antiquitätenhändlers und Interior Designers Oliver Gustav in Kopenhagen, F Debi Treloar **141ur** Haus der Familie von Clare Checkland und Ian Harding in Fife, F Catherine Gratwicke **142** Londoner Haus der Designerin Helen Ellery, F Jan Baldwin **143o** Londoner Haus von Graham Noakes von Osborne & Little, F Claire Richardson **143u** 'The Folly' von Joanna Berryman. Kontakt für Aufträge: joberryman.com. F Jan Baldwin **144–145** Haus von Hanne Borge und ihrer Familie in Norwegen, F Catherine Gratwicke **146** Haus von Marzio Cavanna in Mailand in Milan, F Pia Ulin **147** Londoner Haus von Guy und Natasha Hills, Design Maria Speake von Retrouvius, F Debi Treloar **148–149** 'The Folly' von Joanna Berryman. Kontakt für Aufträge joberryman.com, F Jan Baldwin **150** Ben Pentreaths Haus in Dorset, F Jan Baldwin **151o** Chris Dyson Architects, F Jan Baldwin **151u** Vox Populi, Studio des Künstlers / Designers Pascale Palun, in Avignon, F Debi Treloar **152ol, 153** und **155** www.aureliemathigot.com, F Debi Treloar **152or** Haus der Künstlerin, Interior Designerin und Antiquitätenhändlerin Monique Meij-Beekman in den Niederlanden, F Debi Treloar **152u** Londoner Apartment von Retrouvius Inhaber, Adam Hills und Maria Speake, F Debi Treloar **154** Londoner Haus von Rose Hammick und Andrew Treverton, www.marmoraroad.co.uk, F Polly Wreford **156–157** Haus von Lars Wiberg von Pour Quoi in Kopenhagen, F Lisa Cohen **158–159** Haus von Birgitte und Henrik Moller Kastrup in Dänemark, F Rachel Whiting **160** Robert Young, Robert Young Architecture & Interiors www.ryarch.com, F Earl Carter **161o** Haus von Charmaine und Paul Jack, Belvezet, Frankreich, F Claire Richardson **161ul** Bruno et Michèle Viard, location-enluberon.com, F Polly Wreford **161ur** Haus von Constant Tedder in Italien, Interior Design von Alexander Waterworth Interiors und Architects Tully Filmer und Giovanni Musa, F Polly Wreford **162–163** Apartment in Lyon, Frankreich, Design Stéphane Garotin und Pierre Emmanuel Martin von Maison Hand, F Rachel Whiting **164–165ol** F Polly Wreford **165or** Haus der Raumdesignerin Caroline Van Thillo in Belgien, F Polly Wreford **166** Bea B&B, Inhaberin Bea Mombaers in Knokke-Le Zoute, Belgien (www.bea-bb.com), F Anna Williams **167** www.stylexclusief.nl, F Catherine Gratwicke **168–169** Apartment in Lyon, Frankreich, Design Stéphane Garotin und Pierre Emmanuel Martin von Maison Hand, F Rachel Whiting **171** Haus der Künstlerin, Interior Designerin und Antiquitätenhändlerin Monique Meij-Beekman in den Niederlanden, F Debi Treloar **176** Foto und Styling Hans Blomquist.

DANK

Vielen Dank an alle, die mich bei diesem Buch unterstützt haben. Es sind zu viele, um alle zu nennen, aber einige möchte ich gern erwähnen.

Danke an Patrick Baty für viele Hintergrundinformationen, von denen einige nicht drucktauglich, aber sehr unterhaltsam waren. An Simon March, ebenfalls für faszinierende Informationen. An Hollie Brookes, die mir mit Zitaten und Fakten geholfen hat. An Karen Haller für ihre Ermutigung und die Bereitschaft zur Unterstützung bei einem Buch, das so weit unter dem Level ihrer üblichen akademischen Arbeiten ist. Danke an Marianne Shillingford für ausführliche Erklärungen und viel Geduld, bis zur letzten Minute.

Danke an meine Freundin Hannah, mit der man durch Dick und Dünn gehen kann. An Tania, die mir auch zugehört hat, wenn sie viel zu tun hatte. An Bex für den Tag im September (du weißt, welchen ich meine), und schließlich an Ad, der sich 20 Jahre angehört hat, dass ich ein Buch schreiben möchte, und nie die Geduld verloren hat. Na gut, einmal doch. An Isaac dafür, dass er ein Teenager ist und sich für nichts interessiert, außer was es zu essen gibt. An Noah, der mir gesagt hat, was ich auf jede Seite schreiben soll. Und an unsere Katze Enid, weil sie grau ist.